江戸・東京色街入門

八木澤高明
Yagisawa Takaaki

JIPPI Compact

実業之日本社

装丁　杉本欣右
本文デザイン＆DTP　Ｌｕｓｈ！
企画・編集　山崎三郎
進行　磯部祥行（実業之日本社）

はじめに

東京の色街といって、誰もがまず思い浮かべるのは吉原《よしわら》ではないだろうか。吉原は、昨年（平成二十九年）で四百年の歴史を刻んだ。

徳川家康が豊臣秀吉に命じられて、江戸に入ったのは天正十八年（一五九〇）のことだから、吉原は家康の入府から三十年ほど遅れて江戸の街に生まれたことになる。まさしく徳川幕府の歴史とともに生まれたといっても過言ではない。

そもそも江戸の歴史を辿っていけば、当然ながら家康以前に遡《さかのぼ》る。色街の歴史もしかり。江戸城を築いた江戸氏は、秩父に源流を持つ武士で、入間川や隅田川の水運を押さえ、現在の江戸城の原型がつくられた。

平安時代から鎌倉時代にかけて江戸の街は、水運を通じて関東各地と繋がり、人と物の動きの中心にあった。はっきりとした痕跡や記録が残っているわけではないが、その時代におそらく色街は産声をあげたのだろう。その場所に関しては、本書で触れている。

江戸の歴史とともに色街は生まれ、今日まで途絶えることなく、綿々と続き所々に残っている。東京の色街は、吉原の四百年を優に超えて、その倍以上、千年ほどの歴史があることになる。

人間の欲望と直結する色街というのは、ざっくりと言ってしまえば、街場の食堂などと同じで、世の中の秩序というものに敏感な封建制が確立する以前には、人と物が集まるところには、ぽつりぽつりと存在していたのではないかと思っている。ごく当たり前のものだった故に、公的な記録にはほとんど残されることはなかった。

ただ、私が今回主に歩いた、江戸時代に存在した色街や現代の色街は、幸いにも先人たちが数多の記録に残してくれている。私は、その恩恵を受けて、四百年の時空を超えて散歩を楽しむことができた。

江戸時代には落語の廓噺《くるわばなし》、遊女たちの番付、浮世絵、民謡など、文化の発信地であるとともに、色街は常に庶民にとって身近な存在であった。

いつからか、色街は忌避《きひ》される存在となり、こっそりと人目を忍んで営業するものとなった。近年においては、摘発には浄化という言葉が使われるようになった。

色街が不浄なものとされたきっかけは、社会状況や価値観の変化など、一概には言えないが、戦後の米兵相手の娼婦パンパンたちが街に溢れたことにその理由の一端があったのではないか。彼女たちは、厳しい経済状況の中、その日その日を生きるために体を売ったわけで、何の罪もない。ただ、哀れみの対象でもあった過去の娼婦たちとは違って、洋服を着て、旧時代を嘲笑《あざわら》うかのように街を闊歩《かっぽ》するパンパンたちは、異形の人々であり蔑《さげす》みの対象となっていった。

色街は常に消えることなく世につれ変化し、姿形を変えていく。この本が対象としているのは、江戸時代以前から、江戸時代を通じて現代の色街までである。すべてに目を通していただければ、色街を通してあまり公にされてこなかった東京の歴史の一端が浮かび上がってくるはずだ。

あれこれと、わかったようなことを述べたが、肩肘張らずに、この本を片手に街に出てもらいたい。間違いなく色街というものが、忌避するものではなく、身近なものであると感じてもらえれば著者冥利《みょうり》に尽きる。

◆江戸・東京色街入門 ＝目次＝

＊本書に収録した各地区の現在に関しての記述は平成三十年（二〇一八）七月現在のものです。
＊本書に掲載した色街跡等を示す地図は、当時と区画が大きく違っているところもあり、寸分違わぬものではない事をご了承ください。また、現在はそのほとんどが一般の住宅地や商業施設となっています。
＊本書に掲載した地図は、国土地理院の「地理院地図」に加筆したものです。

昭和40年（1965）頃に撮影された戦後の玉の井だった一角（資料提供：墨田区立ひきふね図書館）

FILE.01

水運の要衝・鎌倉河岸からはじまる

東京色街の源流

江戸という街の起源はいつか。徳川幕府を開いた徳川家康が江戸に入った天正十八年（一五九〇）と考える人が多いのではないか。その後関ヶ原の戦いで勝利し、征夷大将軍となった家康が徳川幕府を開き、江戸城を中心に本格的に街を開発するまで、江戸は人煙なき土地だったわけではない。

江戸城を最初に築いたのは、後三年《ごさんねん》の役《えき》での活躍が認められ、平安から鎌倉時代に江戸を支配した江戸氏である。江戸氏は秩父を本拠とした秩父氏の支家にあたる。入間川から隅田川にいたる水運を支配し、太田道灌《おおたどうかん》に江戸城を開け渡すまで、江戸の基層文化はこの時代に作られた。江戸という地名は、東京湾の入江の入口にあたり、入江の「江」と入口を意味する「戸」を合わせて名付けられたという。

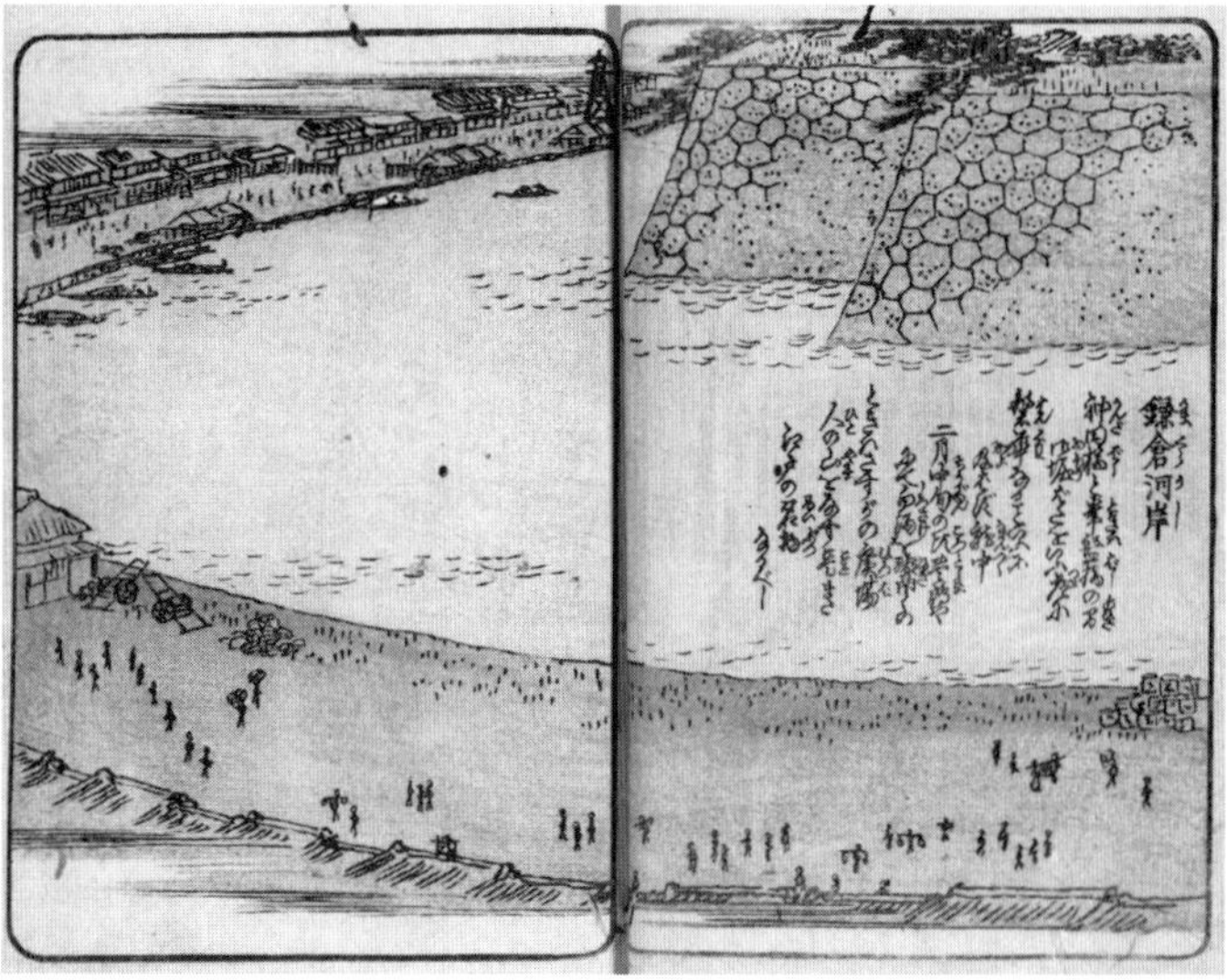

『絵本江戸土産』で歌川広重が描いた江戸城普請のための荷揚げ場として賑わう鎌倉河岸（国立国会図書館所蔵）

鎌倉時代に遡る物流の拠点

大手町から神田へと向かって歩いていくと、首都高速の高架の下、昼なお満足に陽が差さない場所に鎌倉橋が架かっている。この橋のたもとは鎌倉河《が》岸《し》と呼ばれている。家康の入府当時、江戸城増築のための木材や石材を運び込むための荷揚げ場所であった。木材や石材の主要な供給地であったのは相模や伊豆で、その物流を取り仕切っていた鎌倉の商人たちがこの地に居を構えたことから、その名がついたという。

そして、この鎌倉河岸のあたりは、人と物が行き交ったこともあり、江戸で公許を得た最初の色街である元吉原が築かれる前に遊女屋があった。

江戸時代最初の色街は、ここ鎌倉河岸と家康が天正十八年に江戸に入って最初に築いた堀割である道三堀のあたりに柳町という色街があったという。

江戸の色街の起源を、家康以前に遡ると、やはり鎌倉河岸のあたりにあったのではないか。

というのは、鎌倉河岸は、家康が江戸に入る前からこの地名が存在し、江戸氏や太田道灌の時代から、物流の拠点として機能していたという説があるからだ。

江戸氏が築いた江戸の街は、歴史学者網野善彦《あみのよしひこ》の著書『海民の社会』によれば、鎌倉幕府の港、鎌倉や六浦、さらには隅田川や利根川の水運などを利用して、霞ヶ浦や北浦とも繋がっていたという。その拠点となったのが、神田の鎌倉河岸なのである。鎌倉の地名は、東京の神田だけでなく、葛飾区や埼玉の三郷など、水運の要所に点在し、家康以前の鎌倉時代に遡る物流のネットワークの存在を物語っているという。

鎌倉という地名は、江戸時代に江戸に入った商人たちから名付けられたのではなく、それ以前に鎌倉を拠点とした鎌倉幕府からの縁だというのだ。

物流の要所は、どの時代においても売春と密接に繋がっていることから、江戸時代、この地にあった遊女屋の歴史も鎌倉時代あたりに遡るのではないか。江戸時代においても、

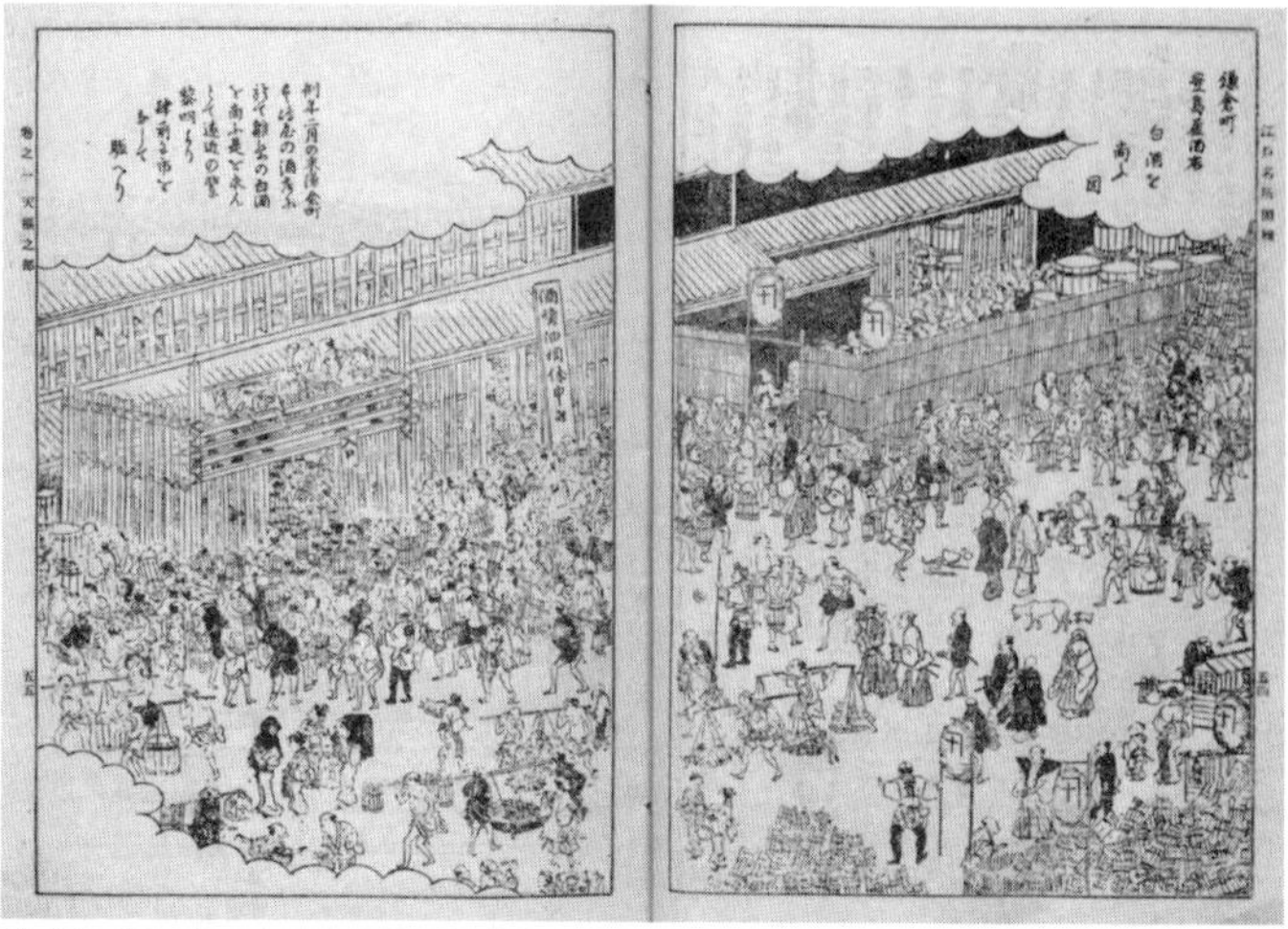

鎌倉河岸にあった豊島屋酒店。豊島屋が売り出した白酒は江戸中で評判となり、桃の節句が近づく２月末には白酒を買い求める人で列をなした(『江戸名所図会　1巻』より「鎌倉町豊島屋酒店　白酒を商う図」国立国会図書館所蔵)

日本橋川に架かる鎌倉橋周辺。鎌倉橋は昭和４年(1929) ４月25日に架橋され、橋の名は鎌倉河岸にちなんで名付けられた

太平洋から利根川を抜けて、主に東北地方からの米などが運ばれた銚子や潮来《いたこ》、松戸などの関東各地の川港には、色街が存在していた。

吉原遊廓の惣名主・庄司甚内

江戸城の規模拡大とともに鎌倉河岸は江戸の中心に位置するようになった。開幕から十四年が経った元和三年（一六一七）、この頃になって、江戸の街は急速に広がり、人口も増えていく。元和三年に庄司甚内《しょうじじんない》（甚右衛門）の願いを認め、元吉原が設置されるのである。元吉原には、江戸町一丁目、二丁目、京町一丁目、二丁目、角町と町割りがされ、江戸市中や京都や大阪、駿河などからも遊女屋が集まったが、鎌倉河岸の遊女屋は江戸町二丁目に移ったという。

元吉原の創設者庄司甚内は、一説に小田原北条家の家臣庄司又左衛門《またざえもん》の子として天正三年（一五七五）に生まれた。豊臣秀吉の小田原攻めにより、小田原城が落城し主家が滅ぶと浪人となり江戸に出て、柳町で遊女屋を営むようになったといわれている。異説では、庄司甚内は北条家の忍者集団風魔《ふうま》党の忍者だとの説がある。遊廓は浪人監視の意味もあったので、蛇の道は蛇ではないが、浪人の取り締りにはうってつけだったわけだ。

庄司甚内が北条家の武士だとしたら、私は人の世の普遍性を感じずにはいられない。

元吉原があった日本橋人形町界隈。江戸時代初期は湿地だった

元吉原周辺を歩いてみると、飲食店で賑わう路地が残っていた

主家滅亡により遊女屋の主となる生き様は、太平洋戦争後、身分も何も関係なく、闇市でモノを商いながら生き抜き、さらには身寄りを失いパンパンとなった女たちの境遇とも重なっても見える。激動の時代というのは、人の人生を一変させ、様々なものを生みだすきっかけとなる。現代へと続く江戸の色街も時代の流れとは無縁ではなかった。

FILE.02

吉原《よしわら》

江戸の初めから現代に続く日本最大級の色街

日本に色街は数多あれど、四百年の時を越えて存在する色街は、ここ吉原ぐらいではないか。それこそ、万葉の時代から日本のそこかしこに色街ができては、泡のごとく消えていき、何の痕跡も残していない場所がほとんどだが、吉原は幾度かの大火によって、建築物は失われているが、その区画は江戸時代初期の元吉原から現在の吉原に移って以降、ほとんど変わっていない。

今ではソープランド街として知られていることもあり、男性ひとりが、歴史散策ですなどと言って歩いても、たいがい何を言ってやがんだと、言われてしまう。ただ、

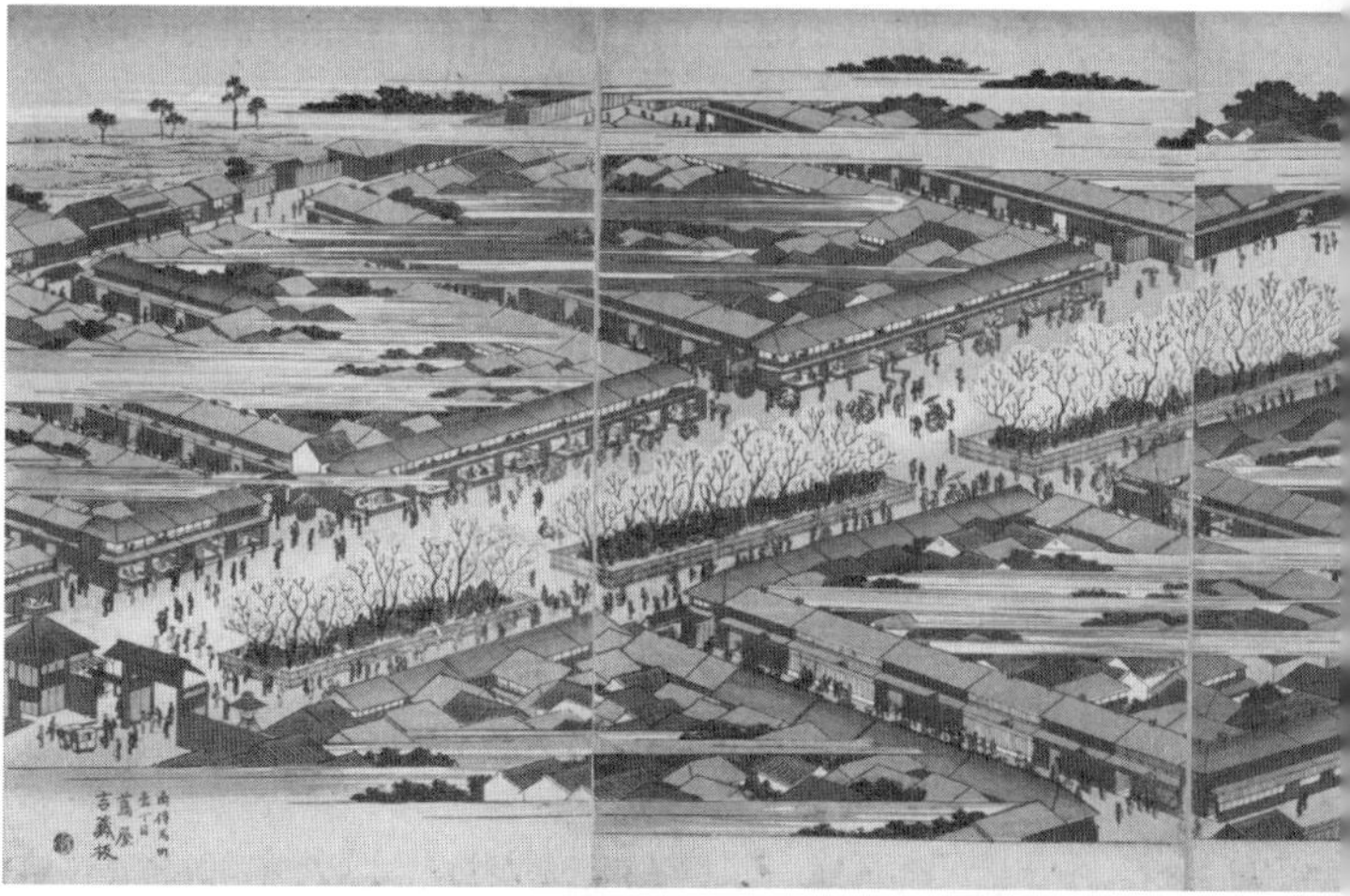

新吉原遊廓の仲之町通りに咲き誇る桜並木を描いた歌川広重の『東都名所 新吉原五丁町弥生花盛全図』。左下に見えるのが吉原大門（国立国会図書館所蔵）

色街の歴史を辿るうえでも大変貴重な場所なので、ぜひとも家人などの疑いの目を気にせず歩いてもらいたい。

吉原に向かうには、日比谷線三ノ輪駅で降りるのが良い。吉原へと向かう道筋から少し外れるが、駅から歩いて五分ほどで竜泉《りゅうせん》の街に着く。

〈廻れば大門の見返り柳いと長けれど、お歯ぐろ溝《どぶ》に燈火《ともしび》うつる三階の騒ぎも手に取る如く〉

情緒的な吉原の描写ではじまる、将来吉原の遊女になることを宿命づけられた美登利という少女が主人公の、樋口一葉《ひぐちいちよう》の『たけくらべ』の舞台となったのが竜泉だ。そして、事実は小説より奇なり、恋人のイチモツを切った阿部定《あべさだ》が、戦後おにぎり屋をやっていたこともあった。ちなみに阿部定の店は樋口一葉の銅像がある千束稲荷神社の向かい側にあった。その場所を訪ねてみると、店はシャッターが下りたままになっていたが、今も当時の建物が残っていた。

「あの阿部定がここに確かにいたけど、店にも行ったことはなかったし、たいしたことは何も覚えていないんだよ。ただの婆さんだっていう記憶ぐらいかな」

近所の人に阿部定の記憶を尋ねると、何とも素っ気ない答えが返ってきた。そしてここ竜泉には、遊廓文化華やかりし頃、吉原遊廓で働く娼婦たちが、多く暮していたのだ。今では住宅街となっている竜泉だが、吉原という世間の中での離れ小島のような土地と密接に繋がっていた。阿部定は、飛田《とびた》（大阪・西成）や丹波篠山《たんばささやま》（兵庫）、名古屋などで遊女稼業をしていたこともあり、この土地に流れてくることは、単なる偶然ではなかった。土地の空気が彼女の生き様に合っていたのだろう。

竜泉を後にして、十分ほど歩くと、吉原のソープランドの看板が目に入ってくる。微かに吉原の土地が高くなっていることに気がつく。かつて吉原は、おはぐろ溝という堀で囲まれていて、遊女たちが逃げ出せないようになっていた時代の名残である。

羅生門河岸があった現在の街並み

遊廓の周囲にめぐらせた堀（おはぐろ溝）へと通じる石段が残る

日本橋人形町に漂う色街の気配

前節でも触れているが、ここで吉原の歴史を辿ってみよう。

徳川家康が江戸に入府すると、江戸の街は急速に広がり、人口も増えていく。江戸造営のための職人たちや国元から江戸の屋敷に詰める武士たちが溢れていた。男女の割合は女が四割ほどで、常に女不足であった。さらには、関ヶ原の合戦や大坂夏の陣などで取り潰しにあった大名家の浪人たちも江戸の街に流入していた。男たちの慰安施設と、幕府にとって不穏分子を監視する意味もあり、元和三年（一六一七）に庄司甚内の願いを認め吉原が設置されるのである。吉原の語源は、もともとは葦《よし》の原だったことから葦原となり、縁起を担いで吉原となったという。

場所は今の吉原の場所ではなく、当時の町外れであった日本橋人形町界隈である。人形町の交差点から、大門《おおもん》通りを入ったあたりが吉原（元吉原）だった。当時は、四方を堀割で囲まれていたが、今ではアスファルトの道となり名残はない。ただ、居酒屋や割烹などが肩を寄せ合うように並び、雑然とした一角がある。この場所が単なるオフィス街とは違い、歴史の因縁を背負っているように思えてならなかった。

明暦三年（一六五七）、十万人が亡くなったともいわれている明暦の大火が発生し、元吉原を含めた江戸の市街地のほとんどが焼けた。大火後、幕府は開幕以来手をつけてこなかった江戸市中の区画整理を実行する。寺などを郊外に移し寺町を形成するとともに、町外れにあった元吉原も幕府の命により、江戸のさらに町外れであった現在の場所に移転する。

吉原の区画は、この場所に移ってきた明暦三年から四百年近く変わらない。江戸時代初期に産声をあげ、戦後の昭和三十三年（一九五八）四月一日に施行された売春防止法により、遊廓からはじまった吉原と売春の歴史は途絶えたかと思われたが、ソープランド街として生まれ変わった。

アーチの上に竜宮の乙姫像を施した明治末期の新吉原大門(『最新東京名所写真帖』国立国会図書館所蔵)

そもそもソープランドは吉原ではなく、東京の東銀座で誕生した「東京温泉」が最初だった。二十人の女性従業員を抱え、「トルコ風呂」と名乗った。トルコ風呂の名称は、後にトルコ大使館からのクレームにより、ソープランドに改称されるまで使われ続けた。

ソープランドが初めて吉原にできたのは、昭和三十三年八月のことだったという。「トルコ吉原」の名称で営業した。ちなみに当時の入浴料は七百円で、今でいえば一万円ぐらいの換算になる。

苦界に沈んだ遊女に思いを馳せる

吉原にはかつて大門があったが、今では

存在しない。大門のあった場所に足を運んでみると、そこには道路を挟んで柱が立っていて、大門があったことを今に伝えている。

この柱のすぐ脇には、警察の派出所があるが、江戸時代の遊廓華やかりし頃には、吉原の私設の警察ともいうべき、四郎兵衛《しろべえ》会所《かいしょ》という番所があった。

四郎兵衛会所の役割は、廓主たちにとって商品である遊女たちの逃亡を防ぐことであった。遊女たちは、芸娼妓の周旋人である女衒《ぜげん》によって買い取られて、吉原へとやってきた。親に支払われるのは、五両から十両、時代によるが、現在の価値で一両は十万円ほどである。

十八歳前後で客に水揚げされ吉原の遊女となる。約十年勤め上げ二十代後半で年季明けとなるのだが、ほとんどの遊女は、梅毒などの性病などによって、年季を待つことなく命を落とし、三ノ輪にある浄閑寺などに葬られた。

年季前に、吉原という苦界《くがい》から抜けるには、客から身請けされることである。実際に客が身請けをするとなると、遊廓の関係者などに、現在の金で一億円以上を支払わなければならなかった。

遊女たちの中には、吉原から逃れようとするものが、後を絶たなかったのである。客と駆け落ちを試みたところで、番人たちの捜索から逃れることはほぼ不可能だったという。

遊廓へと連れ戻されると、遊女たちには、楼主や手下の男たちによる折檻《せっかん》が待っていて、それで命を落す者も少なくなかった。

メインストリートである仲之町通りを中心として、大門から見て左右に通りが延びている。手前右から江戸町一丁目、左に二丁目、次の通りの右は揚屋町《あげやまち》、左が角町《すみちょう》、最後の通りの右が京町一丁目、左が京町二丁目と呼ばれた。

目ぬき通りにいる遊女たちは、玉代《ぎょくだい》といわれる料金も高くなるが、そこから離れれば、離れるほど、その値段は安くなる。時代によっても変化があるが、遊女たちには最高級の太夫《たゆう》から、最下級の切見世《きりみせ》まで厳然たる階級が存在した。

今も吉原の一角に残る、曲線が美しいカフェー調建築の建物

最下級の遊女たちがいたのが、大門から歩いていくと、南の外れにあたる羅生門河岸《らしょうもんがし》と呼ばれた一角である。

ソープランドのネオンを横目に見て、歴史に思いを馳せながら吉原を歩いてみるのは、いかがだろうか。

FILE.03

浅草《あさくさ》

人気観光スポットに流れる淫靡な空気

寛政年間といえば、今から約二百年ほど前、江戸時代中期になる。その頃、上野広小路や浅草寺の境内などの神社仏閣の周囲には、水茶屋《みずぢゃや》と呼ばれる今でいう喫茶店のような店が軒を連ねていた。

浅草寺の二天門《にてんもん》のあたりには、難波屋《なにわや》という有名な茶店があって、おきたという名の看板娘がいた。

彼女は浮世絵にも描かれ、寛政の三大美人のひとりともいわれている。どの水茶屋にも看板娘がいて、客の男たちを呼び寄せたのだった。

江戸は職人や参勤交代で赴任する武士など、男臭い街であり、吉原や江戸四宿《ししゅく》などの幕府公認の遊廓や岡場所と呼ばれた官許以外の遊廓が、男たちの癒しの場となっていたが、

水茶屋もそうした役割の一端を担っていた。お茶代は八文で、現代の価値に換算すれば、約二百五十円ほど。男たちは見栄を張って、十倍以上の額を置いていくものも少なくなかったという。

当初看板娘を売り物にした水茶屋は、時代を経るにつれ、店の奥にこっそりと部屋を設けて、春を売る場へと変容していったところも少なくなかった。

そうした水茶屋は、江戸時代末期の天保の改革で、厳しい取り締りに遭い、街からは消

喜多川歌麿が描いた『寛政三美人(当時三美人)』。右が難波屋のおきた。中央は芸者の豊雛(水茶屋菊本のおはん説もあり)、左は高島屋のおひさ

浅草十二階からほど近い通りに、かつて連れ込み旅館があった

えていったという。

街娼と私娼がひしめいていた浅草

難波屋があった浅草寺の二天門へと足を運んだ。

銀座線の浅草駅で降りて、雷門に向かうと、人力車引きや外国人の観光客で溢れていた。飛び交う言葉も様々で、英語はもとより、耳を澄ましていると、タイ語やスペイン語も聞こえてくる。雷門をくぐって、仲見世を歩き、浅草寺の境内を抜けると、右手に二天門がある。

門のまわりには土産物屋があって、外国人観光客の姿も見かけるが、雷門に比べたらその数は少なく、周囲はひっそりとしている。

建物の歴史からみれば、二天門は雷門より古い歴史を持っている。門が建てられたのは江戸時代初期の元和四年（一六一八）のことだった。浅草寺は何度か大火に見舞われるが、二天門は炎上を免れ、今日にいたる。門からほど近い場所には木造の古い連れ込み宿があった。浅草寺周辺というのは、戦後から立ちんぼたちが多くいたことでも知られている。中には男娼もいて、夜の商売人たちは、客を掴むと、連れ込み宿に客と入ったのだった。

映画街として賑わった昭和初期の浅草公園六区（『大東京名所繪はがき集 浅草公園六区』東京都立中央図書館所蔵）

現在の浅草公園六区。写真左の建物が浅草ロック座

浅草は、街娼ばかりでなく、戦前には銘酒《めいしゅ》屋《や》という、飲み屋を装い私娼たちを置いた店が数多くあった。

　特に銘酒屋が多かったのが、ストリップ劇場の浅草ロック座がある六区（浅草公園六区）である。ちなみに六区は、今ではこの浅草ロック座しかないが、もともとは十軒以上のストリップ劇場が建ち並ぶストリップの中心地であった。ストリップは戦後の新宿で産声をあげているが、ここ浅草で隆盛を迎え、ビートたけしや萩本欽一、渥美清といった芸人たちの修行の場となったことでも知られている。

浅草十二階ふもとの私娼窟エリア

二天門から、やはり街娼たちがたむろしていたという伝法院《でんぽういん》通りを抜けて、六区通りに入って、浅草ロック座を左に見ながら歩いていくと、突き当たりにパチンコ屋がある。そのあたりに、関東大震災で崩れた浅草十二階（凌雲閣《りょううんかく》）というタワーが建っていた。今でいう東京スカイツリーみたいなもので、浅草のランドマークであった。

この十二階の周辺に銘酒屋が建ち並んでいた。明治時代に営業をはじめた銘酒屋は度重なる摘発に遭い、新聞縦覧所などの看板を掲げながら営業を続けた。その数は千軒以上ともいわれ、二千人以上の女たちが働いていたという。

関東大震災後、銘酒屋の多くは、亀戸や玉の井に移っていき、東京の郊外へ新たな色街が広がるきっかけとなった。残った銘酒屋は関東大震災後も浅草で営業していたが、東京大空襲により焼失すると、私娼窟は勢いを失い、街娼たちが溢れるようになった。

現在、浅草十二階が建っていたパチンコ屋周辺は細かな路地が入り組んでいる。その路地を抜けて行くと、連れ込み宿が目につく。戦後すぐには、街娼を求めて多くの米兵たちもやって来た。周辺には在日朝鮮人が経営する朝鮮マーケットが存在し、米兵たちとの間でトラブルとなり、米兵が殺害される事件も起きた。

最近では外国人観光客で賑わう浅草であるが、ちょっと外れると、かつて色街として隆盛を極めた浅草の一面が見えてくるのである。

日本初の電動式エレベーターが設置された浅草十二階(『東京景色写真版』国立国会図書館所蔵)

関東大震災で崩落した浅草十二階を記録した絵葉書(『浅草十二階 悲しき思い出の東京大震災實況』東京都立中央図書館所蔵)

FILE.04

隠れ家だった不忍池池畔の出会い茶屋

上野《うえの》

「写真なんか撮っちゃ駄目だよ」

今から二十年以上前のこと。当時、二十歳そこそこだった私は、上野駅で靴磨きをしていた初老の女性にカメラを向けた。すると、その女性は頑《かたく》なに拒絶した。

肌の白さと東北訛りの口調が、今もはっきりと記憶に刻まれている。現在の上野駅を歩いて、あの靴磨きの女性がいた場所はどこだったのかと、探してみたが、靴磨きの女性はおろか、カメラを向けた場所もわからずじまいだった。

どことなく暗さがあった駅の地下道は、おしゃれなテナントなどが入り、過去のイメージは急速に失われつつある。かつての上野駅の姿を活写した写真家本橋成一《もとはしせいいち》の『上野駅の幕間』という写真集がある。その中には駅で立ち小便をする男の姿も収められているが、

そんな光景はもうどこにも残っていない。過去の上野駅は低い地下道の天井ぐらいにしか名残をとどめていない。

街娼たちで占められた戦後の上野

上野は戦後からしばらく、東京でも有数のパンパンと呼ばれる街娼たちの街だった。上野駅前西郷会館（現在のＵＥＮＯ３１５３ビル）から京成上野駅入口へと繋がる表通りには、上野でも一番値が高い街娼たちが立っていたという。そこから上野の山の暗がりに向かうにつれて女の質が下がっていったそうだ。

そこを歩いてみると、街娼はおろか、日本人の姿より外国からの観光客の方が多いのではないか。テレフォンカードを売るイラン人やホームレスのテントが建っていた頃の暗いイメージは薄れている。公園の目まぐるしく変化する様は、今、目の前に存在する光景すら、すでに幻のように感じさせる。

ちなみに、戦後上野の街で体を売っていた娼婦たちの年齢は八割が二十五歳までの若い女たちで占められていたという。

戦後の混乱期ということもあり、手っ取り早く稼ぎ、生き抜くためには売春が有効な手段だったのである。彼女たちの中には、父母を空襲で失い、自活するために体を売る者も少なくなかった。

上野に娼婦が溢れたのは、戦後だけの話ではない。もとを辿ると、江戸の街が大きく発展した江戸時代にまで遡る。

「蓮の茶屋」と呼ばれたラブホテル街

上野恩賜公園の不忍池《しのばずのいけ》はもともと、東京湾の入り江の名残で、海が引いて現在の姿となった。江戸時代までは、不忍池から流れ出た忍川が隅田川へと繋がっていた。池も今よりは大きく、池の南を走る不忍通りぐらいまで広がっていた。ちょうど仲町通りのあたりが池畔になっていた。

現在の仲町通りは、キャバクラやフィリピンパブやタイパブなど、夜の帳《とばり》が下りるとともに、艶やかなネオンが輝いている。そのルーツを辿れば、江戸時代の仲町通り周辺に建っていた出会い茶屋と呼ばれる、今でいうラブホテルに行き着く。江戸の人々は池を眺めながら逢い引きしたのだ。これらの出会い茶屋は不忍池の蓮が有名だったことから、別名「蓮の茶屋」とも呼ばれた。

　百万人都市であった江戸において、不忍池は、雑踏から離れ、庶民の隠れ家でもあった。

　そして、上野駅周辺には、寛永寺の参拝客で賑わったことから、その客などを目当てにした、けころと呼ばれた私娼たちが多くいた。客を茶屋に連れ込む私娼

不忍池の周りに多くの茶屋が並んでいる様子がわかる歌川広重の『東都名所 上野山王山・清水観音堂花見・不忍之池全図 中島弁財天社』（国立国会図書館所蔵）

襦袢姿の女性の姿が出会茶屋での逢瀬を思わせる歌川国貞の『江戸名所百人美女 しのはず弁天』（国立国会図書館所蔵）

もいたことだろう。神社仏閣が人を呼び、その周辺に私娼たちが集まるのは、音羽や芝など江戸時代の岡場所にみられるパターンである。

私娼たちがたむろした背景には、上野からほど近い下谷山崎町（現在の東上野四丁目あたり）に乞胸《ごうむね》と呼ばれた大道芸人、願人坊主《がんにんぼうず》、角兵衛獅子《かくべえじし》など、江戸時代の支配階級である武士、幕府や藩を支えた農民といった常民ではない人々が多く暮らしていたこととも無縁ではあるまい。下谷山崎町は、明治時代に入ると、都市へと流入してきた人々のアジールとなり、帝都三大スラムのひとつとなるが、すでに江戸時代、その流れが形づくられていたのだ。

高層マンションがそびえる、かつての下谷万年町界隈

不忍池から仲町通りへと歩いてみる。昼間にもかかわらず客引きの男たちが路上にたむろして声を掛けている。江戸の世から数百年経っても、相も変わらず上野は色街として生き続けている。

眼に遠慮なく飛び込んでくる、けばけばしい看板も、街の因縁と積み重ねてきた時の流れの上に立っているのである。

仲町通り付近には、江戸時代に出会い茶屋が建ち並んでいた

不忍池のほとりにあるピンク映画専門の老舗映画館

FILE.05

幕府非公認の遊廓だった岡場所の本流

根津《ねづ》

江戸時代、幕府の公許を得ていた色街は吉原、そして東海道の品川、甲州街道の新宿、日光街道の北千住、中山道の板橋のみであった。それ以外に岡場所と呼ばれる、幕府の許可を得ていない色街が数多く存在した。

岡場所は江戸市中に百ヶ所以上あったといわれていて、その中で、有名だったのは深川、亀戸、音羽、芝明神、そして今回紹介する根津である。それらの岡場所に共通するのは寺社の門前に店を並べていたことである。深川の遊女は船に客を呼び事に及ぶことから船饅頭《ふなまんじゅう》と呼ばれ、芝明神は寺社の僧侶が男色目的で、こっそりと足を運んだことから、陰間茶屋《かげまちゃや》という若い男を置いた店が流行った。

岡場所の特色は、吉原のように格式ばっておらず、安く遊べることだった。さらに江戸の外れにあった吉原より、市中に点在していたことから、ふらりと足を運べることが魅力であった。それ故に岡場所は客を集め、客を奪われた吉原は幕府に取り締りを願うほどだった。

寺社奉行の影響下にあった岡場所

それでも岡場所は、江戸時代末期の水野忠邦《みずのただくに》による天保の改革で壊滅的な打撃を受けるまで、存続し続けた。その理由は、格式の高い吉原を嫌った庶民の人気を集めたことと、もうひとつ、寺社の門前で営業していたことが大きな理由だった。

江戸時代、寺社を管轄した寺社奉行は、町奉行、勘定奉行と並んで三奉行と呼ばれたが、その中で最高位とされたのが、寺社奉行であった。町奉行と勘定奉行が旗本から任命されたのに対し、寺社奉行は一万石以上の大名、さらに将軍直属の役職だった。

江戸市中の夜鷹《よたか》などの街娼の取り締りは、町奉行の管轄であったが、寺社の門前にある岡場所は、寺社奉行の影響下にあったこともあり、町奉行は取り締ることができなかった。岡場所が寺社の近くに存在することによって、人を集めることができ、賽銭《さいせん》も増える。さらに、岡場所の経営者たちは、寺社奉行の恩恵を受けていることもあり、少なからず賄賂を渡すこともあっただろう。
江戸時代における聖と俗の結びつきは、強固であったのだ。

根津の岡場所を支えた職人たち

江戸時代に栄えた根津の岡場所を歩いてみることにした。まずは根津神社に向かった。どこの色街でもいえることだが、色街にある神社には、遊女屋や遊女から玉垣が寄進されていることが多い。根津の色街は、江戸から明治まで続いたこともあり、神社との繋がりは深かったはずだ。ところが、それらしい玉垣は見つけることができなかった。
根津神社は、生類憐《しょうるいあわ》れみの令で有名な五代将軍綱吉《つなよし》の天下普請によって大造営された。その際に出入りした多数の職人たちを相手に飲食店ができ、そのうち女を置く店が現れたことが、岡場所としてのはじまりだったという。それ以来、根津の客は職人たちが多かった。

〈さしがねを預けてあがる根津の客〉

そんな戯《ざ》れ唄が残っているほど、職人たちで賑わいをみせた根津の岡場所であったが、前述したように、江戸の街の風紀引き締めを行った天保の改革で潰されてしまう。この天

今も参詣者が絶えない根津神社。門前は江戸を代表する岡場所だった

岡場所として賑わっていた根津の現在の風景

保の改革は、容赦がなかったようで、江戸の岡場所のほとんどが消えたのだった。

しかし色街の残り香はどこかに残っていたのだろう、江戸幕府が瓦解し明治の世が訪れると、根津遊廓として復活する。明治時代の記録では、六百八十八人の娼妓がいて、東京では吉原に次いで二番目の規模だった。

ところが、明治十年（一八七七）に東京大学が遊廓の真裏にできると、学生たちの中には、遊廓に入り浸る者も少なくなかった。そうした学生のひとりに、根津遊廓の娼妓を妻とした小説家の坪内逍遥《つぼうちしょうよう》がいた。放蕩《ほうとう》学生の存在がそのうち問題視されるようになり、根津遊廓は移転を強いられることになった。

その移転先は、戦後の赤線、洲崎パラダイスで知られる東京湾を埋め立てた土地につくられた洲崎遊廓だった。

洲崎遊廓は太平洋戦争時に戦局の悪化を理由に閉鎖され、業者は都内の立川や鳩の街、茨城などに移転していった。各所に散らばっていった色街の種は、江戸時代の岡場所、根津であった。

根津遊廓の大楼だった大松葉楼の娼妓、幻太夫を描いた肖像図(『東京根津大松葉楼 娼妓幻太夫肖像』文京ふるさと歴史館所蔵)

東京大学は明治19年(1886)3月に東京帝国大学に改称された(『旅の家つと 第29 都の巻』国立国会図書館所蔵)

FILE.06

深川《ふかがわ》・洲崎《すさき》

埋立地に現れた吉原に比肩する遊廓

東京湾の海っぺりにあった洲崎遊廓を訪ねた。赤線跡を歩く人なら、誰もが一度は訪ねたことがあるのではないか。洲崎遊廓跡へと向かう道は、埋立地特有のほとんど高低もなく平たい道だ。周囲はマンションやオフィスビルが建っていて、日本のどこにでもあるような既視感のある風景だ。

東西線木場駅から五分ほど歩いただろうか、道を右手に折れると、かつて流れていた運河に架かっていた橋の名残だろう、道が微かに表情を見せ、盛り上がっている。この地にあった洲崎遊廓は四方を海と運河に囲まれた島となっていた。洲崎が埋め立てられたのは、江戸時代の元禄年間のことで、都内のゴミを集めて埋め立てた夢の島と同じく、江戸市中の塵芥《ごみあくた》を使って埋め立てられたという。

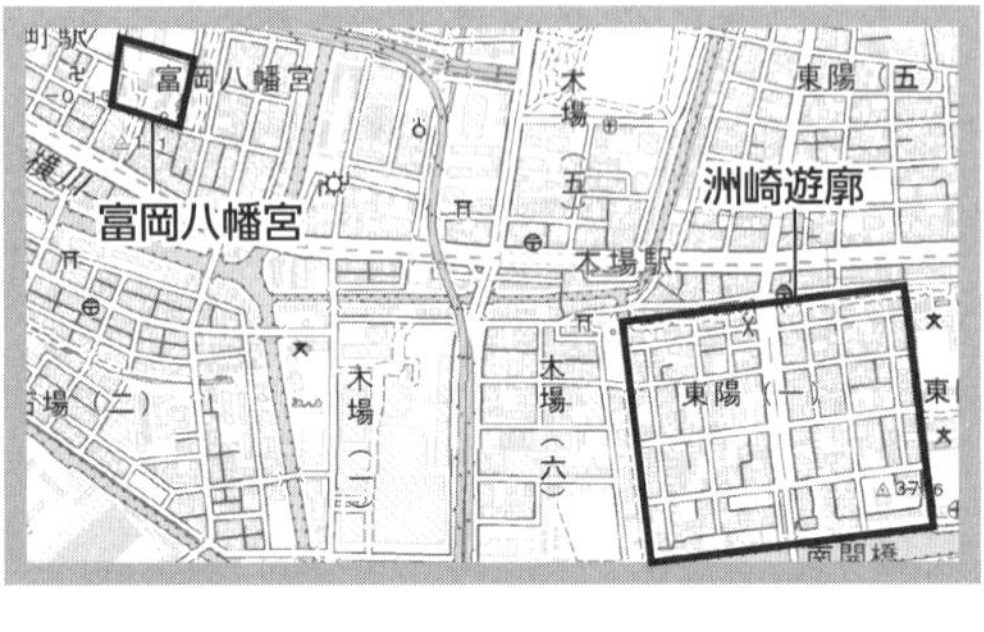

明治24年（1891）に刊行された洲崎遊廓の錦絵。右の塔屋は洲崎随一の規模を誇った八幡楼の時計塔（『東京名所ー洲崎遊廓ー』中央区立京橋図書館所蔵）

戦後の赤線時代、ゲートがあった洲崎遊廓のメインストリート

戦後の赤線時代には、洲崎パラダイスと書かれたゲートが建っていて、多くの遊客を迎え入れた。

写真でしかそのゲートを見たことがないが、まるで遊園地にでも入るような装飾は、遊ぶ者の心をウキウキとさせ、さぞ楽しい気分になったことだろう。ゲートのあった場所から遊廓跡を眺めてみると、道幅の広いメインストリートなどの区画は当時のままだろうが、団地やらマンション、住宅ばかりが目につく。

往時を偲ばせる遊廓跡の路地裏

ここ洲崎遊廓の事始めは、明治二十一年（一八八八）に根津遊廓が移転したことにあると根津の項で記した。移転当初は業者の数は少なかったそうだが、昭和初期には吉原と並びかなりの賑やかさを誇った。妓楼の数は二百六十八軒、娼婦の数は二千五百人に及んだという。ちなみに吉原には、三千五百六十人の娼婦がいた。歴史のある吉原は、格式ばったところがあったが、洲崎は新興の遊里ということもあって、娼婦たちも気さくで、職人や工員たちが集まったという。

洲崎に移転する前の根津の地でも、大工などの職人たちが多かったことから、遊廓の楼主たちの気風というのが、伝統として流れていたのかもしれない。洲崎で働いていた娼婦の八割は、東北地方の女たちだったと、『全国遊廓案内』には記されている。

遊廓跡を歩いてみた。明治からはじまり、昭和三十三年（一九五八）の売春防止法の施行により洲崎は営業を終えるのだが、その時点で五百人の娼婦がいたという。最後まで、それだけの娼婦を抱えていたこともあり、ところどころに往時を偲ばせる古い木造建築が残っている。

吉原にしろ、ここ洲崎にしろ遊廓のメインストリートから外れれば、外れるほど娼婦の質は下がる。当然建物の間取りも細かくなっていく。洲崎遊廓の場合、東京湾沿いの通り

洲崎遊廓跡の外縁部を歩くと、当時の外壁の一部が残っていた

遊廓跡のメインストリートから外れた細い路地に建つ古い木造家屋

が河岸通と呼ばれ、三メートルほどの幅の小道の両側に、けころ見世という、ちょんの間が軒を連ね、けころと呼ばれた娼婦たちが客の腕を引いた。なお、前に触れたが吉原の東の外れは羅生門河岸と呼ばれ、切見世と呼ばれる最下層の娼婦たちがいた。

けころ見世があったあたりを歩いてみると、かつての空気を今も宿しているのだろう、路地は狭く、住宅が密集している。

災害と戦災の記憶を宿す江東の色街

七十年ほど洲崎遊廓はこの地で営業していたわけだが、津波の被害や大火、さらには関東大震災と東京大空襲によって、二度全焼している。関東大震災の際には、洲崎遊廓から逃亡する娼婦たちもいたという。明治時代に入って、マリア・ルース号事件（明治五年）などによって、娼婦たちの人身売買が国際問題になったこともあり、娼婦は建前上は自由廃業ができることになっていたが、楼主たちは前借金を抱えた娼婦たちを廃業させることはなかった。

『洲崎遊廓物語』には関東大震災の際に逃げ出した娼婦たちの話が記されている。それによれば、四人の娼婦たちが遊廓から逃げ出し、雑司ヶ谷の交番に駆け込んだ。楼主と若い衆が交番に娼婦たちを返すように押しかけてきたが、警官は娼婦たちを哀れに思い、楼主たちを追い返したという。

戦後になって洲崎遊廓は、洲崎パラダイスと呼ばれるようになったが、遊廓の眩い光の陰には悲しい物語が山積しているのだった。

関東大震災で壊滅した洲崎遊廓の様相を伝える絵葉書(『洲崎遊廓の全滅 大正十二年九月一日の實況』東京都立中央図書館所蔵)

昭和二十七年(一九五二)に発行された『人間探求27号』に掲載されている「東京街娼分布圖」には、洲崎についてこう記されている。
「洲崎は海を前に控えた割に暗いところ、哀しみの勝った遊廓、明るいネオンも、なにか泣いているようで潮風に頬を撫でられると、いっそう寂しくなる」
遊廓が積み重ねてきた歴史が、そんな思いにさせるのだろうか。
洲崎遊廓と同じ江東区にある浄心寺には、廓内で亡くなった娼婦たちの供養塔がある。洲崎では、病ばかりでなく、関東大震災や大火、さらには東京大空襲などで数多の命が失われた。私は、名もなき娼婦たちの墓に手を合わせた。

江戸随一の岡場所となった深川

洲崎からさらに西には、富岡八幡宮がある。私はこの機会に歩いて訪ねてみることにした。というのは、富岡八幡宮の周辺は、江戸時代の岡場所として一番の規模を誇ったからだ。

江戸時代のはじめ、家康が江戸に入府した頃、隅田川の川向こうにあたる深川は住む人もなく、葦の生い茂る土地だった。摂津の国出身の深川八郎右衛門《ふかがわはちろうえもん》が移り住み、開発したことから深川という地名がついたという。とはいえ、江戸市中の塵芥が捨てられる場所で、侘《わび》しい土地であった。

街の様相が変化したのは、寛永四年（一六二七）に富岡八幡と永大寺が建立され、茶屋などの飲食店が建ち並んだことにあった。しばらくすると、茶屋は参拝客を目当てに女を置くようになり、江戸一番の岡場所となっていった。深川の岡場所は江戸市中から見て東南の方角にあったことから辰巳《たつみ》と呼ばれるようになった。

富岡八幡宮のまわりを歩いてみれば、飲食店が軒を連ねていて、賑やかな雰囲気が漂っているが、色街だった頃の空気は感じることができない。強いて色街風情を探せば、小さな間口の店が多く雑多な空気を醸し出していることぐらいか。この土地には、深川七場所

深川の遊女を描いた歌川国貞の『辰巳八景ノ内　櫓下迎い』（都立中央図書館特別文庫室所蔵）

富岡八幡宮の西側にある戦後闇市を起源とする辰巳新道の飲食店街

といって七つの岡場所があったという。場所によってランクが分かれていて、多くの客を捌《さば》くことができたのだ。

深川の岡場所が栄えた理由のひとつは、寛永十八年（一六四一）に深川に材木集積所である木場ができ、職人たちが集まったことにあった。職人たちは長屋に暮らした。その長屋が明治時代になると、木賃宿や貧民窟に変わり、昭和に入ると、ドヤ街になっていったのである。色街と男たちの汗は、いつの時代も密接に繋がっていた。

FILE.07

連綿と続く街娼たちの因縁の場所

錦糸町《きんしちょう》

江戸時代、幕府公認の遊廓は江戸においては吉原のみだった。ただ、吉原だけで、江戸の男たちの性欲を満たすことはできなかった。

金に困っていない大店《おおだな》の旦那衆であれば、吉原通いも苦にならないが、懐が寂しい庶民は、江戸の外れにある吉原へと足を運ぶのはひと苦労である。そうした者たちに利用されたのが、今の言葉で言えば裏風俗ともいうべき岡場所であり、さらには夜な夜な街に現れる夜鷹や比丘尼《びくに》といった私娼たちであった。

ちなみに『江戸学事典』によれば、江戸には私娼の種類が多かったそうで、例をあげると、地獄、猫、子供、綿摘、丸太、丸女、尼出など、様々な私娼たちがいたのだった。裏

月岡芳年の連作『月百姿』で夜鷹を描いた「田毎ある中にもつらき辻君のかほさらしなや運の月かけ　一と勢」。画題にある「辻君」とは夜鷹を意味する（国立国会図書館所蔵）

を返せば、それほど需要があったということである。

夜鷹は街が闇に包まれると、筵《むしろ》一枚を持ち、白い木綿をほほかむりにして、端を口にくわえて、街を流しながら、客を取った。その装束を見れば、夜鷹とわかる格好をしていたのだった。時代が下ると、夜鷹たちは、流しの商売をやめて小さな小屋をつくり、そこに客を呼ぶようになったという。

彼女たちは、吉原で働いていたものの、年を重ねたために客もつかなくなった者や、梅毒に冒された者など、華やかな場所では春を売ることができなくなり、顔も満足に見えない闇夜に体を売らざるを得ない女たちだった。

本所吉田町を根城に夜の街へ

彼女たちが春をひさぐ場所として有名だったのは、この本の中でも取り上げている柳原土手や両国橋の東、永代橋の西、御厩川岸《おんまやがし》（現在の厩橋付近）の西岸などであった。

夜鷹を買ったのは、町人ばかりでなく、武士も多かったという。江戸は参勤交代で単身赴任する武士などで恒常的に男の比率が高く、最下層の娼婦といえども需要があったのである。夜鷹そばという言葉もあるように、彼女たちは現在の価値で五百円（当時で十文）ほどの値段で体を売った。

江戸の本所七不思議のひとつ「おいてけ堀」。諸説あるが錦糸堀もその舞台とされている。写真は昭和７年（1932）刊行の『江戸の今昔』より（国立国会図書館所蔵）

江戸で多くの夜鷹たちが暮らしていたのは本所吉田町と四谷の鮫河橋《さめがはし》だった。後者の鮫河橋は、貧民窟として知られていて、明治時代になると帝都三大スラムのひとつといわれるほどの場所だった。

本所吉田町は、現在の墨田区石原四丁目界隈にあたる。

吉田町には夜鷹の元締めがいて、夜鷹たちは吉田町界隈を根城にして、江戸の街へと散らばって行った。

吉田町の夜鷹は江戸時代には有名で、こんな歌も残っている。

〈安ものの鼻うしないは吉田町〉

夜鷹は梅毒に感染している者が多く、梅

毒に感染すると鼻が落ちることから、そう歌われたのだった。

江戸時代の有名な本草学者で男色家の平賀源内《ひらがげんない》も梅毒だったといわれているが、命の危険を冒してまでも、男たちは女を買った。それにしても、当時不治の病であった梅毒、そして現代ではエイズと、ある意味男たちは命を賭《と》して女を買う。尽きぬ欲望は、昔も今も変わらないのである。

夜鷹たちが暮らした繁華街の一角

石原四丁目付近を訪ねるには、JR錦糸町駅から歩いていくといいだろう。錦糸町といえば、今も多くのナイトクラブが軒を連ねる一大歓楽街であるが、今から二十年ほど前には、コロンビア人の街娼たちが、ラブホテル街の一角に立っていた。その当時、私は夜鷹が錦糸町からほど近い石原四丁目に暮らしていたことなど知らなかったが、石原四丁目を訪ねるにあたって、錦糸町駅で電車を降りると、江戸から現代まで連なる街娼たちの不思議な因縁を感じずにはいられなかった。

途中、私は一軒の寺に立ち寄った。室町時代、太田道灌によって開山された法恩寺という寺である。この寺には、岡場所の楼主たちが建立した遊女たちの墓碑があるのだ。街道筋の飯盛女《めしもりおんな》たちの墓や吉原遊廓の投げ込み寺である浄閑寺は知られているが、岡場所の遊

法恩寺にある江戸時代の遊女の墓。墓石には戒名が刻まれている

女の墓は見たことがなかった。墓碑には百名ほどの戒名が刻まれていた。

寺を後にして、石原四丁目を歩いてみると、ところどころ細い路地が残っていて、どことなく江戸時代に夜鷹たちが暮らした長屋の匂いを感じるのだった。

かつて本所吉田町と呼ばれたあたり。古いアパートの向こうに東京スカイツリーが見える

FILE.08

江戸の風俗文化、丹前風呂と夜鷹の存在

神田《かんだ》・秋葉原《あきはばら》

家康の江戸入府とともに、江戸の街は開発が進み、武士だけでなく、全国から職人たちも流れ込み、砂ぼこりが舞う男臭い街となった。

街はたいそう埃っぽかったようで、風呂屋がもてはやされた。風呂といっても、ただ湯に漬かって、その日の疲れを癒す今日の銭湯のようなものではなく、湯女《ゆな》と呼ばれる女たちが、垢《あか》をすり、体を売った場所でもあった。

そうした風呂屋が密集していたのは、靖国通りから大手町寄りの路地に入った現在の千代田区神田小川町一丁目付近である。江戸時代初期の寛永年間、堀丹後守《ほりたんごのかみ》（堀直寄《なおより》）の屋敷前に風呂屋が並んでいたことから丹前風呂《たんぜんぶろ》と呼ばれ、大いに流行った。

江戸の外れにある吉原と違って、江戸の中心部にあって手軽に足を運べることも人気の理由だった。

吉原から客を奪った湯女風呂

丹前風呂で働いていた勝山《かつやま》という湯女には、多くの客がついたそうで、吉原には閑古鳥が鳴いたという。

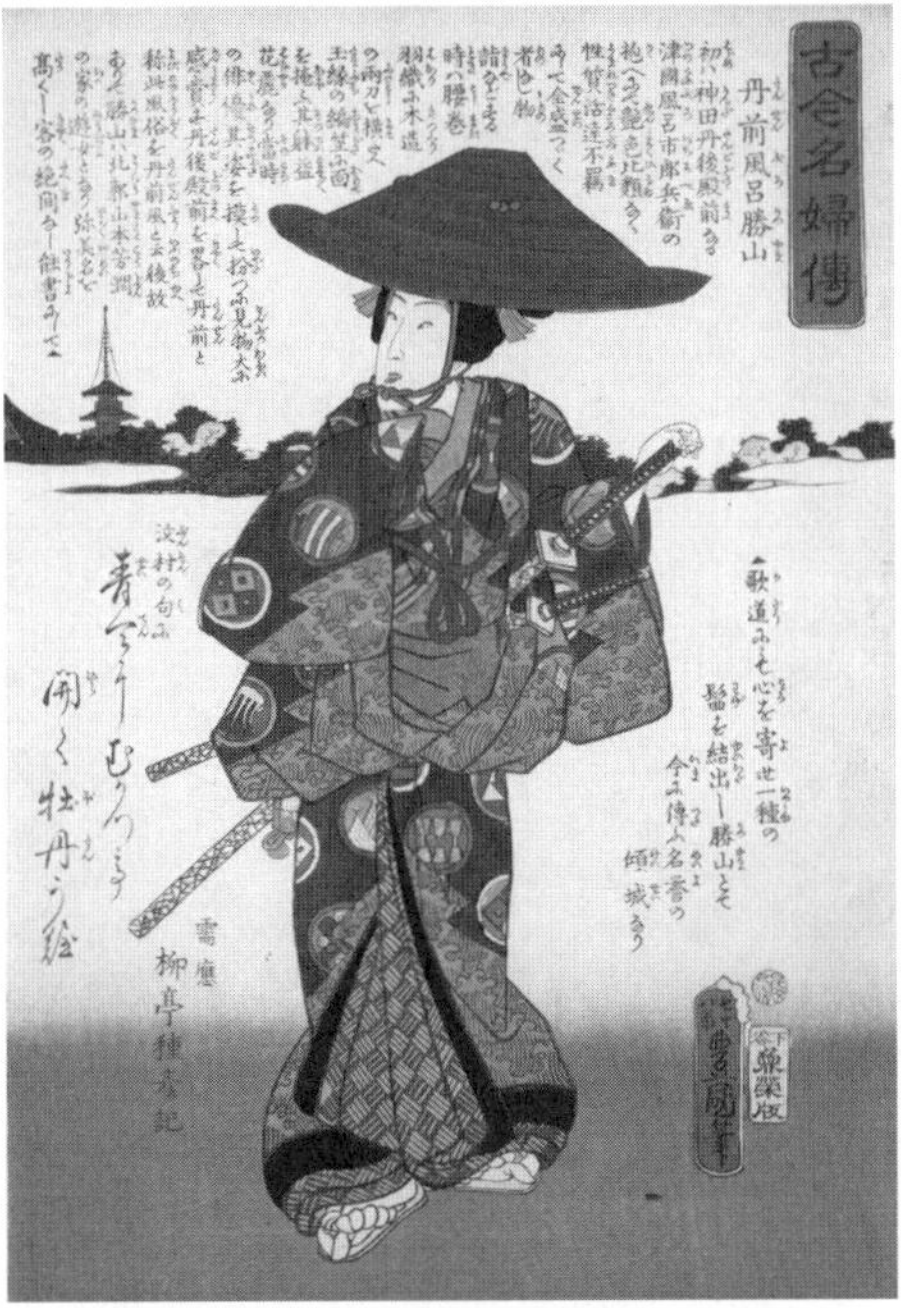

当代一の人気を誇った湯女の勝山。編み笠を被り刀を差した男装姿も注目の的となった（三代目歌川豊国『古今名婦伝　丹前風呂勝山』国立国会図書館所蔵）

根津の項でも述べたが、幕府が江戸で許可した色街は、品川、板橋、千住、新宿の四つの宿場をのぞいて、市中では吉原のみであり、丹前風呂は岡場所に該当し、今でいう裏風俗であった。客を取られた吉原は幾度となく幕府へ丹前風呂を取り締るように訴えた。

幕府が重い腰をあげたのは明暦年間のことである。明暦年間といえば、大火により焼け野原となった江戸の街の大規模な区画整理が行われた。この頃に吉原は新吉原に移転している。岡場所を手入れするには、ちょうど良いタイミングともいえた。しかも神田といえば大手門からもほど近く、そんな場所に風呂屋が堂々と営業していることは、風紀上の問題もあり、神田にあった丹前風呂は閉鎖された。神田以外にも風呂屋は存在したが、市中の風呂屋は軒並み取り潰された。

看板湯女の勝山は働き場所を失い、吉原に流れた。

丹前風呂があった神田小川町周辺を歩いてみた。アスファルトに覆われた都市の景観の中には、当たり前だが、湯気が漂ってくるような情緒はどこにもない。今から四百年ほども前の夢物語に思いを巡らすのみだった。

最下級の遊女たちが集う柳並木

神田からさらに秋葉原方面に足をのばせば、神田川が流れている。この神田川は江戸時代初期に、それこそ風呂屋で汗を流したであろう男たちによって掘削された人工の河川である。

神田のオフィス街を一歩入れば、古い軒並みが残る

丹前風呂があった場所からほど近い神田の通り

ＪＲ秋葉原駅の対岸あたりから、浅草橋方面に向かって、今では護岸は固められ、ビルが壁のように建ち並んでいるが、江戸時代には柳原土手と呼ばれる、柳が植えられた土手があった。

柳原土手には茶屋などが並び、昼間は世界有数の大都市であった江戸において、雑踏から逃れることができる憩いの場であった。やはり神田の丹前風呂と同じように、当時の景色はどこにも残っていない。江戸時代に描かれた浮世絵を見ると、土手には柳が植えられ、神田川で小舟を浮かべ釣り糸を垂れる釣り人の姿が描かれ、のどかな空気が流れている。

そうした穏やかな空気も、日暮れとともに行き交う人の姿がめっきり減ると、夜鷹たちが客を引く場所に変わるのである。河原という空間は、江戸時代も現代も、都市におけるアジールとして、大道芸人や娼婦といった化外《けがい》の民にとって、王城楽土である。秋葉原から浅草橋に向かって、神田川の護岸には遊歩道すらないので、この川は単なる排水路に成り下がってしまった。もしこの護岸に遊歩道が設けられていたら、おそらく現代も立ちんぼたちが現れたことだろう。

話を江戸時代に戻すと、夜鷹たちは、本所吉田町や神田橋本町（現在の東神田一丁目）などの貧民窟を根城として、豆手ぬぐいを口にくわえ、客と寝る筵を片手に、土手にやって来た。

雪の夜に蕎麦売りの屋台で、蕎麦を食べながら体を暖める夜鷹を描いた歌川国貞の『神無月 はつ雪のそうか』

神田川に架かる和泉橋から見た現在の柳原土手の風景

前項でも触れたように、夜鷹は年を食った女や病気持ちで梅毒に感染し鼻が落ちている者も少なくなかった。落語に、亭主に相手にされない女房が夜鷹になって客を引き、自分の女房とは知らず、素人の夜鷹がいるという噂を耳にした亭主が買いに行き、夫婦で御用になるという笑い話がある。

実際には、吉原などの廓で働き、年を取ったために客がつかなくなり、廓にいられなくなった遊女たちの、最後の生きる手段が夜鷹だった。物悲しい夜鷹を笑いに変える江戸庶民のおおらかさには、感嘆せずにはいられない。

FILE.09

江戸から昭和の時代を貫く紅燈の歴史

北千住《きたせんじゅ》

江戸時代、江戸四宿のひとつ千住宿のあった北千住。かつての宿場は商店街となっている。私が歩いたのは平日の昼間だったが、けっこうな人で食料品を買い求める主婦などで賑わっていた。商店街の中には、江戸時代後期に建造された旧家横山家の建物も残り、往時の空気がほのかに残る。

この千住宿には、品川宿、内藤新宿、板橋と同様に飯盛女たちを置いた旅籠が軒を連ねていた。宿場にあった四十三軒の旅籠屋に百五十人ほどの飯盛女たちがいて、春を売っていたという。

現在の千住三丁目付近に、飯盛女を置いていた旅籠大黒屋など、飯盛旅籠が並んでいたというが、今、女の匂いを漂わせているのはフィリピンパブの看板ぐらいか。

葛飾北斎『冨嶽三十六景　従千住花街眺望ノ不二』。遠景に描かれているのが遊女を置いた千住宿の旅籠。前景は大名行列の鉄砲隊（国立国会図書館所蔵）

宿場町に売られた飯盛女たちの薄命

飯盛女たちの多くは、新潟などからここ千住宿に売られてきた。劣悪な労働環境に加え、梅毒などの性病に罹患するなど、その多くが二十代前半で命を落していった。故郷を出るということは彼女たちにとって死出の旅でもあった。

そんな飯盛女たちを不憫《ふびん》に思った楼主たちが、千住宿の金蔵寺と不動院というふたつの寺に墓を建てている。寺に足を運び、墓を見ると、飯盛女たちの戒名だけでなく、女たちが客との間に産んだ子だろうか、童子や童女という戒名もある。無機的な灰黒色の花崗岩《かこうがん》に刻まれた文字が凄惨で生々しい。

私は、刻まれた文字を見ながら、果たしてどんな女たちが、この宿場で体を売り命を落したのか知りたかった。

不動院にある供養塔が作られたのは万延元年（一八六〇）というから、江戸末期のこと。江戸幕府によって五街道が整備されると、寛永二年（一六二五）に千住宿を宿場町に制定しているので、二百五十年以上にわたって、女たちが体を売り続けていたことになる。

文政七年（一八二四）に千住宿の旅籠屋が代官所に提出した飯盛女たちの人別帳によると、千住宿には百五十人の飯盛女たちがいた。そこには、生地と年齢が書かれていて、江戸の出身者が七十三人と一番多いが、その次に多かったのが、新潟県の三十一人である。ちなみに江戸の出身者の中には、千住の隣町梅田の女もいた。最年少は十五歳、最年長は二十八歳。この年齢が意味するものは、多くの女たちが過酷な労働により、三十歳を迎えることなく息絶えたか、ごく稀に身請けされたということであろう。この人別帳が書かれてから、約三十年後に供養塔がつくられている。

不動院に建立されている飯盛女を弔った供養塔

千住遊廓時代の大門。千住遊廓は関東大震災後に吉原や板橋から妓楼が移転して大いに繁栄した

彫刻が印象的な千住柳町に残る遊廓時代の遺構

五木寛之も通った千住の色街

千住宿の色街は、千住遊廓と名を変えて、色街の歴史は引き継がれていく。大正十年（一九二一）に現在の千住柳町へと移り、売春防止法が施行されるまで紅燈が路地を照らし続けていた。

北千住の駅から歩いて千住柳町へと向かった。

「ここじゃないですよ。この通りを真っ直ぐ行って、朝日信用金庫を右に行くと、酒屋さんがあるから、そこを右に行ったあたりがそうですよ」

通りがかりの老婆に色街の場所を尋ねると、やけに事細かく、その場所を教えてくれた。親切心とは別に、私の住んでいる場所は色街ではないですよという、彼女のプライドのようなものが垣間見られておかしかった。

遊廓跡は住宅街になっている。風情はどこにもないが、旧地名が記されていることが多い電信柱の番号札を確認してみたら、「廓」という文字を見つけた。

どこか艶かしいその文字がこの土地の出自を物語っていた。

ここ千住柳町は、作家五木寛之《いつきひろゆき》が、若かりし頃に足を運んでいた街でもある。エッセー『風に吹かれて』の中に、東北から来たという娼婦と、笑いの中に哀しみのあるやりとり

昭和の匂いが漂う北千住周辺の街並み

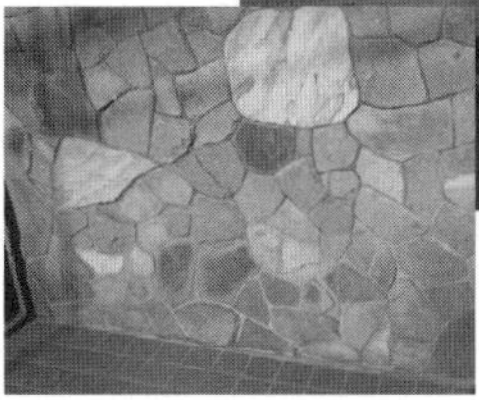

街の所々に色街時代の名残が見られる

が記されている。

新聞配達を終えて、娼家に上がった五木は疲れて、そのまま寝てしまい、事を果たせず、悶々とした気持ちで娼家を後にする。

帰り際に娼婦が、五木にかけたという言葉が印象深い。

「あんまり来ないほうがいいよ、こんなところ」

苦界に暮らす女は五木の姿に穢《けが》れのなさを感じ、そんな言葉をかけたのか。

千住遊廓には秋田や山形など東北から来た娼婦たちが多かったという。娼婦が呟いた言葉を何度も反芻《はんすう》しながら歩いていると、モノトーンのアスファルトに覆われた路地が紅に染まっているように思えるのだった。

FILE.10

亀戸《かめいど》

宗教施設と売春施設が共存する特殊性

亀戸天神の裏にあったという色街跡を訪ねたのは、冬晴れの日のことだった。まずは、亀戸天神に詣でることにした。

江戸時代の浮世絵にも描かれた有名な太鼓橋を渡る。藤棚の向こうに下町のランドマーク、東京スカイツリーが見えた。

参道を歩き、本殿に手を合わせる。色街を歩くときは、必ずその土地にある神社仏閣に手を合わせることにしている。日頃は、そうした場所に足を運ぶほど信仰心を持ち合わせてはいないが、娼婦たちが手を合わせたであろう色街近くの寺社には、足を向けようという気になるのだ。

神社の裏手は、かつて玉の井と並んで都内最大規模を誇ったという亀戸の売春街跡があ

る。かつての色街跡を歩いてみると、ほとんどが住宅街となっているが、ぽつり、ぽつりと洋風の意匠を凝らしたカフェー調建築の住宅や料亭などが残っている。潰れた銭湯などもあって、見る人が見れば、この場所が色街だったということに気がつくであろう痕跡が見受けられる。

風情がある亀戸天神の太鼓橋

天満宮の裏手で活況を呈した色街

亀戸の色街は、明治三十八年（一九〇五）に三業地に指定されたことがはじまりだ。三業地とは、芸者置屋、割烹、待合の三業種が営業を許された土地のことである。芸者の中には純粋に芸を売るものだけではなく、客と寝る芸者もいたことから、売春も当然ながら存在した。詳細は後述するが、荒川区の尾久三業地は阿部定が戦前に事件を起こした場所である。

色街がさらに発展したのは、関東大震災で被災した浅草十二階下の売春業者（銘酒屋）が、この地に移ってきたことがきっかけだったという。そもそも、売春業者がこの地を選んだ理由は、戦前には日立や紡績工場の東京モスリン、セイコーの時計工場などが建ち並ぶ工場地帯であり、労働者が客として見込めたことにあった。

昭和のはじめには、料亭や待合、芸者置屋の他に、私娼たちが居着いたカフェーが千軒、私娼の数は二千人にもなったという。

さらにもとを辿ると、江戸時代、亀戸天神の参拝者向けに茶屋や料理屋などができ、それにともない女を置く店も現われて、いわゆる寺社黙認の岡場所となった。亀戸の売春は江戸時代に端を発することになる。

世界の寺社で例えてみれば、イスラム教のモスクやキリスト教の教会の裏手に堂々と売春施設があることになる。売春施設と宗教施設が共存していたというのは、日本ぐらいなのではないか。

私は、かつてイラクのバグダッドのモスクや、マニラの教会の門前を歩いたことがあるが、それらの場所には、小さな商店が建ち並んではいたが、売春施設を確認することはできなかった。

インドやネパールでは寺に捧げられる売春婦でデウキという女性が存在するが、日本のように、店が軒を連ねていることはなく、日本の娼婦たちほど明け透けなものではない。こんなところに、世界にあまり例を見ない日本の売春の特殊さが見えてくるのである。

亀戸天神の裏門にあった料亭玉屋と芸妓を描いた歌川国貞の『当時高名会席尽 亀戸玉屋』（都立中央図書館特別文庫室所蔵）

昭和６年（1931）に刊行された『日本歓楽郷案内』（酒井潔著）の中で「東京亀戸魔窟街」と題された写真（国立国会図書館所蔵）

陰間茶屋の料金は岡場所の十倍

江戸時代、神社仏閣の門前にできた色街は、この本の中でいくつか取り上げているが、亀戸の他に知られていた存在として芝明神がある。

芝明神の門前にあった岡場所は、芝増上寺などの僧侶に春を売る男娼がいたことでも有名であった。陰間茶屋と呼ばれ、僧侶がお忍びで足を運んだのだった。

陰間茶屋は、岡場所とはいっても、客は僧侶以外に大店の旦那や武士などで、料金は岡場所の十倍以上の値段がしたという。

芝明神の陰間茶屋は、江戸時代末期、水野忠邦の天保の改革で壊滅するが、花街として昭和まで続いた。街を歩いてみると、趣のある木造建築が残っていて、ほのかに花街だった匂いを宿している。

それにしても、江戸の各地に点在していた神社仏閣の門前などに広がる色街は様々な客のニーズに応えていて、日本の性文化がかつて持っていた懐の深さを感じずにはいられない。

江戸、明治、大正を経て、昭和まで亀戸の色街は続いていくのだが、大きな打撃を受けたのは、昭和二十年（一九四五）の東京大空襲であった。街は全焼し、売春業者の多くは立石や小岩などに移っていった。残った業者は亀戸で営業を続けた。

昭和三十三年（一九五八）の売春防止法の施行によって、色街としての歴史を閉じるわけだが、その時で業者は八十九軒、二百九十六人の娼婦がいたという。

日本人は無宗教という言葉をよく耳にする。色街と宗教のずぶずぶの関係、さらには宗教施設というものが経済と密接に繋がっている様を見ると、その言葉に頷けるのである。

亀戸天神の裏手にあった銭湯の天神湯

私娼たちがいた時代の趣を残す通り

玉の井《たまのい》・鳩の街《はとのまち》

迷宮の私娼窟と戦後モダンのカフェー街

東京一の私娼窟だった浅草。その数は三千人ともいわれていた。私娼たちが数多く集まっていたのが、明治時代に建てられた浅草十二階の周辺だった。

浅草の中心には、浅草寺が鎮座し、多くの人々を集め、私娼たちがたむろするようになった。さらには隅田川のほとりにあり、東京の周縁部に位置していたことも、色街が形づくられる一因となった。ところが、関東大震災で十二階が倒壊すると、それを契機に私娼たちは、浅草から追い立てられる。私娼を抱えた業者が向かったのは、隅田川を渡った向島にある玉の井であった。

（鳩の街）

（玉の井）

昭和40年（1965）頃に撮影された旧玉の井の特飲街入口（資料提供：墨田区立ひきふね図書館）

大正に入って東京という都市が膨張し、外縁部が浅草からさらに向島へと移ったことも要因のひとつにある。時代を遡っていけば、江戸時代に明暦の大火後の区画整理で元吉原が、新吉原へと移されたが、火事以前から江戸の街は人口増加により過密状態でもあった。色街が目立たぬ場所へと、移されるのは時代の常なのである。

永井荷風が足繁く通った路地裏

玉の井には過去に二度足を運んでいるが、なぜかいつも雨が降る。そして、今回も小雨が降っていた。

東向島の駅から、五分ほど歩くと、交番が見えてくる。そこが玉の井の入口である。日本各地の色街を歩いていると、戦前に起源を持つ色街の入口には、たいがい交番がある。現代から見ると、色街の入口に交番があるのは、何ともおかしな話である。交番のまわりで違法行為が行われているにもかかわらず、警察は何をしているんだという気になってくる。ところが、昭和三十三年（一九五八）まで日本では、売春は指定された地区では合法とされていたこともあり、交番が色街の入口にあっても何ら不思議なことではなかった。色街の治安維持のために必要な存在ともいえた。

昼時ということもあったので、腹ごしらえをしてから、玉の井を歩くことにした。入っ

入り組んでいる玉の井の路地が、かつての面影を残す

玉の井で見かけた、時の流れを感じさせるスナック

たのは、昭和の匂いを感じさせるラーメン屋だった。店内は満席で、初老の男と相席となった。

店内を見渡してみると、作業服姿の男が目につく、誰もがずるずると音を立ててラーメンをすすっている。メンマにナルト、固いチャーシューののったラーメンをすすると、再び街に出た。雨足は先ほどより強くなっている。

玉の井の色街のほとんどは住宅街になっている。ところどころに色街の名残であるカフェー調建築の建物や古びたスナックなどを見かけるが、往時の雰囲気は建物からはほとんど感じることはできない。

一方で、永井《ながい》荷風《かふう》が「迷路」と呼んだ入り組んだ路地の面影は今も残っている。この入り組んだ路地は子どもにとって格好の遊び場だろう。家と家は肩を寄せ合い建ち並んでいて、ところどころで住民が井戸端会議をしていた、その人たちからしてみれば、カメラ片手に歩いている私は、不審者そのものだが、私のように色街を散策する人間は少なくないのだろう。警戒の視線を送ってくるわけではない。

売春の匂いとは無縁の現在の玉の井であるが、東京大空襲で焼けるまで五百軒の店に千人以上の娼婦たちがいて、体を売っていたという。空襲で焼け出された玉の井の業者は、立川や亀有、ここからほど近い場所に移った。知る人ぞ知る鳩の街である。

戦後最も人気の高かった赤線地帯

鳩の街にも足を延ばしてみよう。

水戸街道から細い路地に入ると、そこが鳩の街である。色街ができたのは戦後のことで、焼け出された玉の井の業者が十二人の娼婦を使って米兵相手に商売をはじめたのだった。商売は旨味があったのだろう。その三年後には、二百三十人まで娼婦が増えたという。鳩の街は売春防止法が施行されるまで営業を続けた。

現在、通りは商店街となっていて、八百屋や豆腐屋などが並んでいる。商店街からさらに脇道に入ると、タイル張りの壁やアールデコ調の建物を目にすることができる。色街の

商店街から一歩路地に入ると、赤線時代の建物を見ることができる

画一的でない建物は、今となっては非常に貴重だ

面影を残した建物は民家として利用されている。

ちなみに鳩の街は、吉行《よしゆき》淳之介《じゅんのすけ》の芥川賞受賞作『原色の街』の舞台となった。吉行以外にも多くの文化人たちが、足を運んだという。そのことが意味するのは、色街というのが単に性欲を発散する場所や経済装置だけではなく、時代や社会を象徴する場所であったということである。

FILE.12

立石《たていし》

赤線と青線の面影を残す昭和遺産の街

京成線に乗って立石を訪ねた。駅を出ると、梅雨真っ盛りということもあり、大粒の雨が路地を叩いていた。赤線跡と呑んべ横丁を見てまわることが目的だった。

立石の色街は、戦争中には付近の工場で働く労働者のための慰安所からはじまる。それが終戦によって米兵向けの慰安所となり、米軍がいなくなると、赤線地帯となり、さらに呑んべ横丁は私娼窟となった。

駅を出て、まずは赤線跡へと向かった。フィリピンパブやスナックが営業している路地の一角にアールデコ建築の建物が残っている。昭和三十年代、赤線時代の建物である。赤線建築ともいうべき建物にカメラを向けていると、容赦なく雨が降り注いできた。傘

赤線跡に残る外壁の曲線が美しい当時の建物

かつて赤線だった場所は飲屋街になっている

を持ってきてはいたものの、撮影の邪魔になるので、できることなら広げたくない。ひと通り写真を撮ると、アーケードの下に軒を連ねる商店街に逃げ込んだ。

どことなく薄暗く、昭和の匂いに包まれている商店街に、昔懐かしい空気を纏《まと》った喫茶店を見つけた。雨が弱まることを願って時間を潰すことにした。

現実となった呑んべ横丁の解体

どこもかしこもチェーン展開するコーヒーショップばかりとなり、喫茶店という言葉がしっくりとくる店が街からは消える一方だ。色街跡を巡りながら、昔ながらの喫茶店を見つけると、嬉《うれ》しくなってついつい入ってしまう。

この店も期待に違わず、老夫婦が店を切り盛りしていて、効率とは無縁の広々とした空間で客たちは思い思いにコーヒーをすすっていた。

色街も商店街も喫茶店も、昭和という時代が育んできた文化である。それが平成に入り、商店街は大型店の進出やネット通販、色街は浄化という名の下に消えている。社会から猥雑さが、激しい速度で失われているように思えてならない。そう考えると、この立石には、かろうじて昭和の匂いが、他の街に比べたら残っている。

一時間ほどで喫茶店を出た。アーケードを出ると、先ほどより雨が強くなっていた。

平成25年(2013)に撮影した呑んべ横丁。まだまだ活気があった

傘をささずに、呑んべ横丁へ足を向けた。横丁に足を踏み入れてみると、人が行き来することによって生まれるほのかな熱気が感じられない。妙に寒々としている。店の入口には、貼り紙があった。

その紙には、平成三十年（二〇一八）の七月から解体作業が行われると記されていた。道理で人気が失われたはずである。

初めて呑んべ横丁に足を運んだのは、平成二十五年（二〇一三）のことだった。時間は朝の九時ぐらいだったのだが、そこかしこの店から酔客のカラオケやらホステスたちの甲高い声が響いてきた。その時、酔客たちの声を聞いた店の前にも足を運ぶと、やはり取り壊しを告げる貼り紙が貼ってあった。

この呑んべ横丁に知り合いがいるわけでもないが、何とも言えない虚《むな》しさが胸をしめつける。

都内有数の青線の遺構だった

この消えゆく呑んべ横丁は、もともとは飲み屋街ではなかったという。戦後直後は建物疎開の空き地で、その後食料品や洋服などを売るマーケット（立石デパート）になった。横丁の中には、今も洋品店だった頃の看板が残されていたりする。それが昭和四十年代に入ると、ぽつぽつと商店がやめていき、その空いたところに飲み屋が入った。さらに、通りを挟んだ赤線から流れてきた女たちが、飲み屋の二階で春を売ったという。

この横丁のつくりは、新宿ゴールデン街や横浜の黄金町《こがねちょう》などと同じで、一階はカウンターだけの飲み屋で、二階は娼婦が客を連れ込む部屋になっている。飲み屋とちょんの間が一体化した、青線建築といっていいつくりは、飲み屋を装って売春が行われてきた日本独自のものといってもいいだろう。

すでに横丁の周辺では区画整理がはじまっていた。呑んべ横丁の隣にできた空き地に足を運ぶと、それまでは隣接する建物で覆い隠されていた、横丁の建物の裏側が剥《む》き出しになっていた。

　モルタル、木材、トタンと、まるで戦後の焼け野原から拾ってきたような様々な部材が組み合わせられていて、バラックのようですらある。こんな建築は、日本のどこを探しても残っていないのではないか。風雨に晒《さら》される建物を見ていたら、妙に愛おしく感じてしまうのだった。

立石デパート時代の名残をとどめる洋品店の看板

再開発であらわになった呑んべ横丁の壁面。まさに色街が生んだ遺産である

FILE.13

玉の井の業者がつくった工場街の色街

亀有《かめあり》

亀有といえば、警察官両津勘吉を主人公とした漫画『こちら葛飾区亀有公園前派出所』の舞台として知られている。北千住から常磐線に揺られて、亀有駅で降りる。よく晴れた一日で、広々とした駅前の広場に降り注ぐ日射しが眩しい。広場に鎮座している両津勘吉の金色の銅像も光り輝いている。

亀有を訪ねたのは、当然ながら、両さんの痕跡を訪ねるためではなく、太平洋戦争後に東京に進駐してきた米軍向けの売春施設が、ここ亀有にも存在したからだった。米兵向けの売春施設は、ＲＡＡ（特殊慰安施設協会）によって、日本の各地に設置されたわけだが、そのうちのひとつが亀有にもあったのだ。

オーラル・ヒストリーの重要性

街歩きをする際、最低限の下調べはするが、あとは地元の人に話を聞きながら、その場所を見つけるようにしている。

色街の記録というのは、公的な書類に記載されていたとしても簡潔であったり、自治体によってなかったことにされている場合も多い。その土地で生きてきた人々の記憶というものが、一番頼りになるのである。一方で、人々の記憶というのは、厄介なもので、自分に都合の良いことは、はっきりと覚えていて、しかも時の流れとともに知らず知らずに歪曲してしまっていることが多々ある。ただ、私がこれから訪ねようとしている亀有をはじめ、戦後直後の売春施設というのは、今から七十年以上前のことであり、今聞いておかなければ、もう二度と聞くことはできない。

さらに付け加えれば、昭和三十三年（一九五八）に完全施行された売春防止法前後の赤線に関する話ですら、あと十年もすれば、聞くことは困難となってしまうだろう。

ちょっと前置きが長くなってしまったが、亀有の話に戻ろう。米軍向けの売春施設に関しては、下調べの段階でどこにあったのかはっきりした場所はわからなかった。

ちなみに亀有の色街は、太平洋戦争前から存在していたという。戦前から戦中にかけて、亀有には日立製作所の工場などがあり、二万人を超える工員が働いていた。つまりは立石や武蔵新田などと同じように産業戦士慰安所として、色街の歴史がはじまったのだった。さらに戦争末期に空襲が激しくなると、焼け出された玉の井の業者が亀有に流れてきた。

米兵が押し寄せた亀有楽天地

亀有楽天地と呼ばれた色街は、現在の亀有三丁目付近にあったという。南口から駅を背にして放射線状に延びている道のひとつを西に向かって歩いていくと、亀有三丁目界隈に着く。

マンションや駐車場が目立つが、ところどころに古びたスナックの建物が残っている。最盛期には百八十人ほどの娼婦たちがいたというから、さぞかし賑やかな土地だったことだろう。

「米軍がいた？　ちょっと聞いたことがないね。このあたりが赤線だったことは知っているけどね」

年配の方に尋ねてみるが、米軍がいたことは、人々の記憶から消えようとしていた。しばし、人を探して歩いていると、八十代と思《おぼ》しき男性を見つけた。幸いなことに、米兵向けの売春施設の記憶を有していた。

終戦直後にＲＡＡの施設があった通りだが、そのことを知る人は少ない

「あそこにコンビニがあるだろう。あのあたりに日立の寮があったんだけど、そこに女の人を置いて、赤い提灯をぶら下げて営業していたんだよ。日立は戦争が終わって工場をやめたから、寮が空になって、玉の井の業者が来てやりはじめたんだよ。三十人ぐらいはいたんじゃないかね。米兵はジープで乗りつけて、賑やかなもんだったよね。街全体では三百人ぐらいはいたんじゃないかな」

「黒人と白人では店も違っていたんですか？」

「場所が区切られていたわけじゃなくて、店はチャンポンだったと思うよ。白人と黒人が買う店は別れていたな。お互い嫌なんじゃないかな。米兵ばっかりじゃなくて、日本人の客も多かったよ」

　昭和三十三年に売春防止法が施行されるまで、売春施設は存在したという。

「ここで働いていた女の人は、赤線がなくなってから、他の街へ行ったり、小さな飲み屋をこのあたりでやっていたりしたけど、もうそんな飲み屋もなくなっちゃったよね」

　米兵向けの売春施設をはじめ、建物はマンションや飲食店に変わっている。両さんだけではない、亀有の物語を聞いた。

闇市時代の雰囲気が色濃く残る亀有食品市場

亀有楽天地の跡地で見かけた潰れたスナック

店の前で客待ちをする亀有楽天地の娼婦たち。亀有の赤線は農家や民家の中に娼家が点在していた（図版はカストリ出版刊行の『赤線の灯は消えても…』より）

小岩《こいわ》・新小岩《しんこいわ》

のどかな田園地帯に突如現れた特飲街

目の前をコンクリートで護岸が固められた新中川が流れている。私が向かっていたのは東京パレスの跡地だった。東京パレスとは小岩にあった進駐軍向けの慰安所のことで、多くの米兵たちが夜な夜なジープで乗りつけたという。

今では住宅が建っているが、ここに東京パレスができた七十年以上前には、田園風景が広がっていた。なぜ戦前の色街でもないこの場所にＲＡＡが進駐軍向けの慰安所をつくったのかというと、もともとここに精工舎の亀戸工場と女子寮があったことが理由だった。敷地は約四千二百坪、二階建の宿舎が五棟、講堂などが戦災に遭わず残っていた。そこに目をつけたのが、空襲で焼け出された亀戸の業者だった。

（小岩）

永井荷風や坂口安吾ら文人たちも訪れたという東京パレス（江戸川区郷土資料室所蔵）

東京パレスの跡地は郵政宿舎として利用され集合住宅地となった

ダンスホールを完備した巨大施設

昭和二十年（一九四五）十一月にオープンすると、五棟の女子寮は赤やピンクなどに色分けされ、講堂はダンスホールとなった。進駐軍の兵士たちは、ダンスホールに足を運び、イブニングドレスを着て踊る女性たちの中から好みを見つけ、女性の部屋で事に及んだ。

そうしたスタイルの売春は、今もタイのバンコクやフィリピンのマニラなどにある、もともとは米兵向けの歓楽街だった土地で見ることができる。いわゆるゴーゴーバーだ。かの地では、女性たちは水着、ステージの上で踊っているなどの違いはあるが、好みの女性を選んで部屋に入るというスタイルは同じである。東京パレスと異国の売春地帯の共通点が興味深い。

東京パレスで働いていた女性たちの数は二百人以上だったという。彼女たちが客を連れ込む部屋は三畳ほどで、二百六十もの部屋があった。さらには、飲食店や理髪店まであったという。まさしく売春のために築かれた宮殿であった。

かつて東京パレスのあった場所までくると、団地が建ち並んでいるだけで、当時の面影はどこにも残っていない。

開業した翌年にはオフリミットとなり、進駐軍の立ち入りは禁じられる。昭和二十三年

新小岩のカフェー街（丸健）の一角（『内外タイムス』昭和28年11月27日付より）

（一九四八）には、日本人専用に切り替えられた。

昭和二十七年（一九五二）に発行された『人間探求』に東京パレスのことが記されている。その当時で二百人の女性がいて、中には長期休みに春を売る女学生などもいたという。

それから六年後に売春防止法が施行される前夜には、六十人ほどに娼婦たちは減っていて、売防法施行とともに東京パレスの灯は消えたのだった。

「丸健」と呼ばれたカフェー街

次に向かったのは、新小岩の色街跡だった。

ＪＲ新小岩駅を降り、バスターミナルを抜けると、アーケードの下に商店街が延びている。飲食店や食料品店、雑貨屋などを横目に見ながら、五分ほど歩いただろうか、左手に新築のマンションが建っているあたりが、かつての色街である。

新小岩の色街は、戦前に端を発する。亀戸などと同じように、軍需工場の労働者向けに色街が形成された。色街は「丸健」と呼ばれていた。工場の保険組合が誘致したこともあって、丸印に健康の健の字を書いた看板を出していたことからその名がついたという。

ここもやはり、見る限り色街の面影は感じられない。年配の人に当時のことを聞いてみたいと思った。こういったときは、男性に話を聞くのが良いのだが、見当たらず、女性に声をかけてみた。

「このあたりがかつて、色街だったと聞いているんですが？」

「このマンションのあたりも、そうだったですね。マンションが建つ前は、古い建物も残っていましたが、もう面影はありません。まだ雰囲気が少し残っているのは、もうちょっと商店街の方に戻ったあたりの一角でしょうね。マルケンと呼ばれていたんです。ちょうど私が女学生の頃には、営業していましたよ。いつも早足で通りすぎていましたから、しっかりとは見ていませんが、ヤクザも多かったから、怖い場所というイメージしかありませんね」

私は礼を言って、女性に教えられた通りの入口にやってきた。二階建ての建物が並んでいて、外から見ても二階には小部屋が多いことがわかる。

通りの入口にあった商店で、話を聞いてみることにした。

「このあたりに、赤線があったなんて聞いたことはないですね。初めて聞きました」

店主は、何かを知っていそうだったが、色街ではよく返ってくる答えだ。風景は消えても、色街の記憶は人の心に残っているのである。

丸健跡に建つ高層マンション。昨今の色街でよく見かける風景だ

かつてこのあたりも丸健だった。狭い路地に当時の面影が残る

FILE.15

猟奇的事件で全国に知られた三業地

尾久《おぐ》

東京都荒川区西尾久、都電荒川線宮ノ前駅から歩いて数分の場所に、東京女子医科大学東医療センターが建っている。医療センターの西側はかつて尾久三業地と呼ばれた戦前の歓楽街であった。ここ尾久を有名にしたのは阿部定の存在であろう。

尾久の待合で阿部定は愛人吉蔵の性器を切断する事件を起こしたのだった。三業地や待合の説明はすでにしたので、ここでは繰り返さない。私が初めて尾久を訪ねたのは、今から十年以上前のことだった。

その時、阿部定が事件を起こした待合はすでになくなっていたが、一軒だけ当時そのままの待合が残っていた。少しでも昔話を聞きたいなと思い、三業地跡にある雰囲気の良い

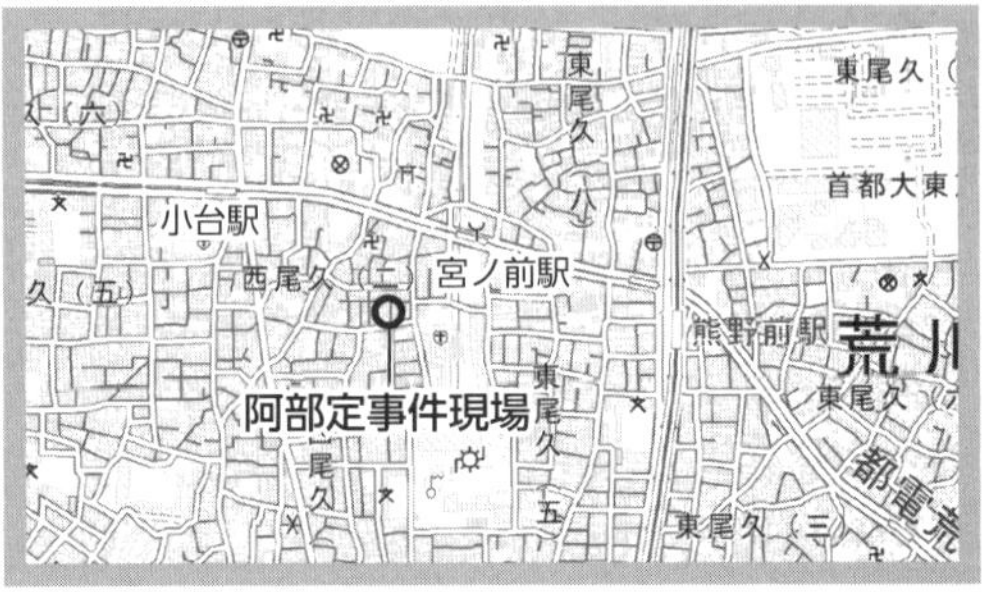

阿部定事件の現場となった待合「満佐喜」があった一角

住宅街になっている、かつての尾久三業地

喫茶店に入った。そこでコーヒーを飲みながら、オーナーの男性に話しかけた。

「阿部定事件のことを調べているんですが、どなたか詳しい人はいないですかね？」

「さすがに昔のことだからね。もうちょっと前だったら覚えている人はいただろうけどな」

ちょうど、その時ひとりの老婆が店に入ってきた。するとオーナーが言った。

「あっ、この人だったら、一番詳しいですよ。いい人が来てくれた」

いきなり、そんなことを言われて、老婆はきょとんとしていたが、オーナーが阿部定のことを私が知りたがっていると伝えると、わざわざ私のテーブルに座ってくれた。当てもなく現場へと来たが、人を辿って取材をしていくと、このようなことが時に起きるものだ。

「今時の、若い人が阿部定のことなんて、珍しいですね」

凄惨な事件ではあるが、老婆は事件を通じて、自分の思い出を振り返るという意味合いもあるのだろう、何となく嬉しそうな顔をしている。

「私は、当時芸者の見習いをしていたんですよ。今では芸者はいなくなっちゃいましたけどね」

温泉がもたらした花街の賑わい

ここで尾久の歴史に少し触れておこう。江戸時代から明治にかけて、尾久一帯は農村地

昭和11年(1936) 5月18日に起きた阿部定事件。当時、時代を覆っていた閉塞感の反動からか、事件はセンセーショナルに報じられ、阿部定はヒロイン的な扱いを受けた

帯で、尾久の語源も、江戸の奥から来ているという説がある。尾久に三業地ができるきっかけとなったのは、大正時代に鉱泉が発見されたことによる。それにより気軽に行ける避暑地として注目を集め、旅館などが建ち並ぶようになり、三業地として指定されたのである。

尾久の賑わいは昭和三十年代まで続いた。ところが、高度経済成長期になって、付近に工場が建ち並ぶようになり、地下水をくみ上げたことが原因で、鉱泉が枯渇した。それにより、客足は徐々に遠退いていき、かつての賑わいは幻の景色となっていったのである。

昭和三十五年（一九六〇）の時点で、三十七軒の芸者置屋があり、三百三十人の芸

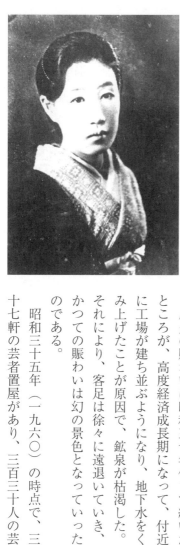

者がいたという。その中のひとりが目の前の老婆であった。

消えていた事件の〝生き証人〟

事件に話を戻そう。

「私は十二、三歳ぐらいだったかね。この通りに新聞社の車がだーっと並んじゃってね。家じゃ新聞社からの電話が鳴りっぱなし。あの頃、人殺しなんてなかったから、大変だったんだよ」

しかも、阿部定が起こしたのは、単なる殺人事件ではなく、愛しさ余って、愛人の吉蔵を自分のものにしてしまいたいという思いから、性器を切断するという行為にまでいたったのだった。事件は今から八十年以上前のことではあるが、大きな衝撃を人々に与えたことが、彼女の話ぶりからもよくわかる。

老婆に阿部定に関する話を聞いてから、十年以上が過ぎた今年（平成三十年）の夏、再び私は尾久三業地を訪ねた。

かつて見かけた待合はどこにあったかと、朧《おぼろ》げな記憶を頼りに三業地跡を歩いてみたが、どこにも見当たらない。二度、三度、同じ場所を往復して、ようやく気がついた。待合の建物は、すっかり取り壊されていて、駐車場になっていたのだった。

当たり前のことだが、一度壊してしまったものは、もう二度と蘇《よみがえ》ることはない。この土地で生れ育ったわけではないが、時代を越えた生き証人でもある歴史的な建物が消えると、心の中にぽっかりと穴が空いたような気分になるのは、なぜだろうか。せめて、あの待合を写真に収めたことだけが、わずかな慰めとなった。ただそれも虚しい。

三業地時代のものだろうか、住宅街の一角に灯籠が残されていた

三業地時代の趣を感じさせる建物。ここ数年でこうした建築はさらに消えた

赤羽《あかばね》・板橋《いたばし》

都内屈指の軍都で栄えた色街の痕跡

ぽつりぽつりと締まりがない雨が、地面を濡らしていた。私はかつて軍都として栄えた赤羽を歩いていた。

赤羽が軍都として産声をあげたのは、明治五年（一八七二）に火薬庫が置かれたことにあった。明治二十年（一八八七）には陸軍第一師団第一大隊、近衛師団工兵大隊、明治二十四年（一八九一）には陸軍被服本廠《ほんしょう》、明治二十八年（一八九五）に王子火薬製造所、明治三十九年（一九〇六）には陸軍兵器支廠、造兵廠などが移転してきた。すでに明治十八年（一八八五）に赤羽・品川間で物資輸送のための鉄道が敷かれており、軍都ができあがったのだった。

そして、巨大な経済装置でもある軍のある所に色街ありとは、古今東西、普遍の真理といっていい。ここ赤羽にも色街が存在した。

（赤羽）

現在の赤羽台団地に造成されていた陸軍被服本廠(北区立中央図書館所蔵『陸軍被服本廠創立五十周年記念写真帖』より)

軍人ばかりでなく、陸軍被服本廠、王子火薬製造所などの軍需工場の工員、さらには荒川を渡った川口の鋳物会社の社長なども上客であったという。

RAAの施設となった二業地

赤羽の色街の起源は、大正十五年(一九二六)に二業地に指定されたことにあった。二業地とは、芸者置屋と料理屋の営業が許された場所のことである。戦前の最盛期には百人の芸者がいたという。芸者の中には、純粋に芸を売り物にする者だけではなく、不見転《みずてん》とよばれ、請われれば客と寝る芸者もいたことから、売春が行われていたことは、暗黙の了解であっただろう。

赤羽の二業地は、戦局悪化にともない、赤羽が空襲の標的となったこともあり、終戦間近の昭和十九年(一九四四)に営業停止となっている。二業地の場所は赤羽駅西口で、現在弁天通りと呼ばれる一角にあった。

戦後、赤羽の陸軍関連施設は進駐軍に接収された。当然ながら赤羽にも進駐軍向けの慰安所がＲＡＡによってつくられた。その場所は、二業地のあった弁天通りである。同地で最大の料亭だった小僧園を赤羽会館というダンスホールに改装し、営業したのだった。

開業の翌年には、性病が蔓延したこともあり、ＧＨＱによって米兵の立ち入りは禁止された。『売春』（神崎清著）には、昭和四十四年（一九六九）に赤羽駅前で街娼検挙の記録が載せられていることから、色街の残り香は漂っていた。

赤羽駅の西口を出ると、目の前にはイトーヨーカドーが巨大な壁のように鎮座している。

その横を通り、かつて色街があったという弁天通り界隈を歩いてみた。そこは商店や住宅街となっていて、往時の雰囲気はどこにもなかったが、奥まった場所にある小さな弁天社（亀ヶ池弁財天）に色街の匂いを感じた。弁天社は芸事の神として、芸者などが盛んに参拝した。吉原の外れにも弁天社があり、色街とは切っても切れない関係がある。おそらくこの土地の芸者たちにも篤《あつ》く信仰されたことだろ

赤羽の二業地跡にある亀ヶ池弁財天

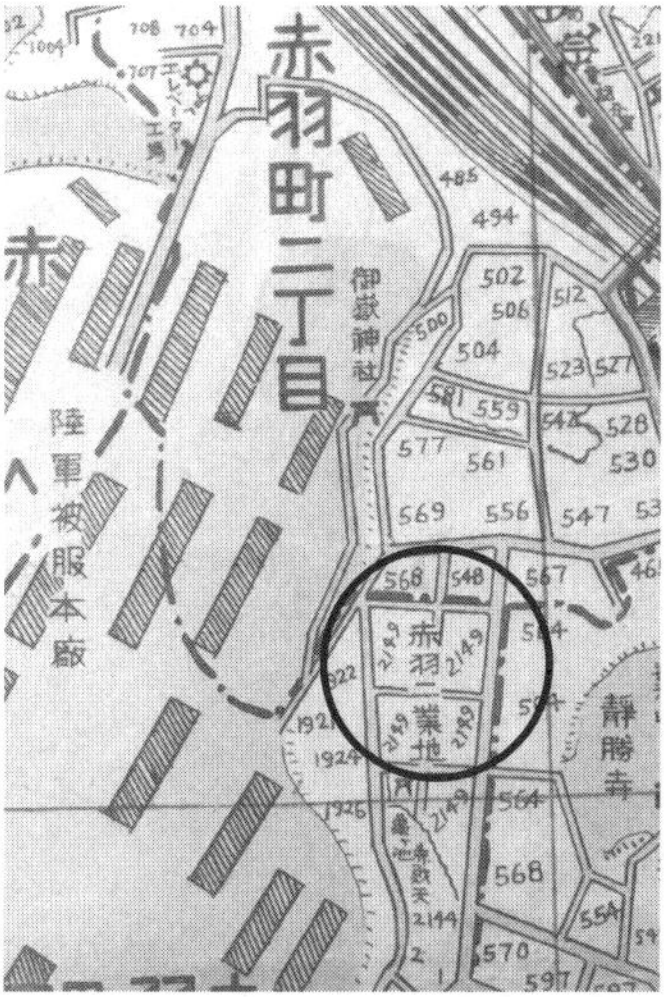

左は昭和14年(1939)の赤羽周辺の地図。丸印部分が赤羽二業地。右は昭和31年(1956)1月に撮影された弁天通り(手川文夫氏撮影)。右手前の建物は赤羽第一映画劇場(ともに北区立中央図書館所蔵)

中山道板橋宿の現在の様子。商店やスーパーが建ち並び、人通りが絶えない

う。

さらに歩いていくと、住宅街の中に忽然《こつぜん》とラブホテルが一軒営業していた。弁天社とラブホテルが、色街の残滓《ざんし》であった。

手厚く葬られた板橋宿の遊女

赤羽が明治の軍都に起源を持つ色街であるならば、板橋区にあったかつての板橋宿は、江戸時代に遡る。

板橋宿は、上宿、仲宿、平尾宿の三宿からなっていた。品川宿、内藤新宿、千住宿とともに、江戸を代表する四宿のひとつであった。

享保三年（一七一八）には飯盛旅籠の設置の公許を幕府から得ていて、百五十人もの飯盛女を置くことを許されていた。はっきりとした資料は残っていないが、五街道が整備された一六〇〇年代初頭には、こっそりと売春は行われていたことだろう。

ここ板橋宿で、足を運びたいと思っていた場所があった。仲宿の文殊院にある飯盛女の墓である。

江戸時代の遊女たちの墓は、千住宿や府中、さらには三ノ輪の浄閑寺などにあるが、この墓には、戒名、俗名、没年月が刻まれている。墓を建てたのは、盛元という屋号の楼主

明治初期に撮影された板橋。石神井川に架かる「板橋」が地名の由来となった（板橋区立郷土資料館所蔵）

かつての板橋宿、文殊院の墓地の一角にある遊女の墓

であった。江戸時代の遊女は筵にくるまれ、投げ込み寺に葬られるのが、一般的であるが、俗名や戒名が記されているのは、東京周辺では珍しい。ただ、中山道を上州方面へと足を延ばせば、倉賀野宿や日《にっ》光《こう》例幣使《れいへいし》街道の木崎宿などに、板橋宿と同じように手厚く葬られた墓を見ることができる。

遊女という薄幸な女性たちに思いを寄せた楼主がいたことが、わずかばかりの救いである。

FILE.17

池袋《いけぶくろ》

戦後の匂いが今も染み付く大歓楽街

かつて青線だったともいわれている池袋の人世横丁を訪ねたのは、今から二十年ほど前のことだった。その頃、写真週刊誌のカメラマンをしていた私は、毎週のように全国各地に飛んで、事件の取材に奔走していた。

よく一緒に現場を回っていた先輩の記者は、取材を終えると必ず裏路地にあるカウンターだけの赤提灯に足を運んだ。当然ながら私もその場に有無を言わさず付き合わされた。たいがい、そういった店には、年のいったママがいて、先輩は焼酎を片手に会話を楽しんでいたように思う。

先輩がどんな話をしていたのか、まったく記憶はない。ただ彼の楽し気な表情だけが、記憶に刻まれている。それから間もなく、横浜黄金町の取材を皮切りに、色街の取材に取

りかかるようになった。

色街の取材の中で、群馬県渋川市にあった青線跡を訪ねる機会があったのだが、そこが紛れもなく、かつて先輩に連れていかれた飲み屋があった場所だった。その後も高崎、函館などの色街を歩くたびに、先輩に連れていかれた飲み屋の場所と重なった。そして、人世横丁も先輩に連れていってもらった場所だった。

その店もカウンターだけの小さな飲み屋で、やはり年のいったママがひとり切り盛りしていた。

やはり会話は覚えておらず、思い出すのは先輩の笑い声だけである。もう少し店のママの話を聞いておけばよかったと思ったところで、それはもうかなわない。店の名前すら覚えていないが、平成二十年（二〇〇八）に人世横丁は取り壊され、今では高層ビルになっている。

闇市を起源に持つ人世横丁

そもそも、人世横丁が池袋東口にできたのは、戦後直後に池袋駅を挟んで東西に巨大な闇市ができたことにあった。闇市が、その後露店撤去令（昭和二十四年）で解体されると、追い出された業者の一部が人世横丁で店を開いたのだった。

同じく青線であった新宿ゴールデン街もやはり闇市を追い出された業者たちによって、スタートしている。この時代に起源を持つ、青線の空気を纏った飲屋街というのは似たような出自を持っている。

色街としての歴史は戦後から始まっているが、土地の歴史は古い。戦国時代には小田原北条氏の支配下にあり、池袋という地名が書物の中に登場する。江戸時代には、江戸の外れということもあり、夜には辻斬りも横行するなど、治安の悪い土地としても知られていた。

享保六年（一七二一）の夏には、ひと晩で十七人が辻斬りで命を落とすという、現代から見たら想像を絶する通り魔事件が起きている。しかも下手人は捕まっていない。

この事件を憂いた近隣の村人たちは、現在の池袋東口パルコ裏の場所に四面塔尊と呼ばれる慰霊碑を建立したほどだった。

現在その場所を歩いてみても、昼夜を問わず多くの人々が行き交い、事件の匂いはどこからも感じることはない。

戦後の混乱を経て一大風俗街へ

池袋における血腥《ちなまぐさ》い場所といえば、辻斬りに加えて、サンシャイン60の場所にあった

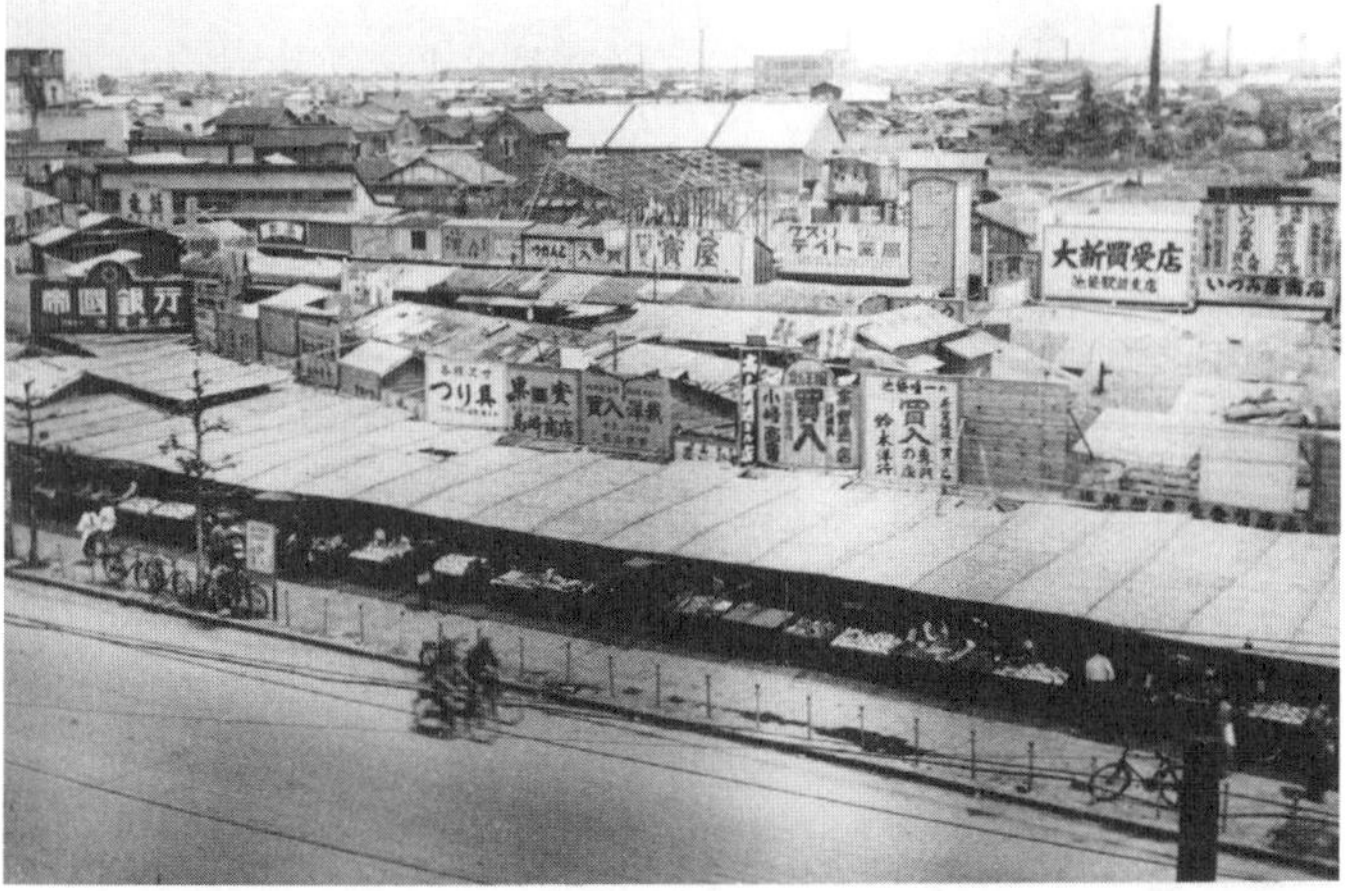

昭和23年（1948）に撮影された池袋駅東口前の闇市の様子（東京都建設局提供）

池袋駅西口に広がっていた闇市。写真は「美人街」という看板がかかるマーケット（豊島区立郷土資料館所蔵　撮影：高木進一氏）

巣鴨プリズンの場所をあげる必要があるだろう。
巣鴨プリズンでは東条英機《とうじょうひでき》や松井石根《まついいわね》ら六十人の戦犯が処刑されていて、サンシャイン60の呼称も、戦犯たちの数から取られているともいわれている。もしそれが事実であるのならば、あのサンシャイン60というのは、戦犯たちの巨大な墓標なのである。

池袋において、闇市を起源とする色街の存在は消えたが、池袋駅の北口を出て歩いてみれば、風俗店が軒を連ねている。

かつて、風俗店を取材したことがあったが、そこはホテルに女性を派遣する通称ホテヘルの店だった。私が訪ねたのは、深夜十二時を回っていたが、ひっきりなしに若者が出入りし、時おり派手な化粧をした若い女たちがやって来る。さらに電話も絶え間なく掛かってきて、若い従業員たちは、まさしく休む暇がない。

店長の男性によれば池袋は毎年多くの店が生まれては消え、この街の風俗店で働く女性

人世横丁跡地の一角に建てられた記念碑（撮影：編集部）

人世横丁と同じく闇市から派生した美久仁小路（左）と栄町通りの飲食店街。美久仁小路の背景の高層ビルがサンシャイン60

サンシャイン60の敷地にある戦犯を弔う慰霊碑

の数は一万人はいるのではないかという。そう考えると、池袋は日本で一番の風俗激戦区だろう。

江戸時代から現在まで、池袋は性と死が色濃く存在する街である。

FILE.18
色街の歴史と文化を知るパノラマ都市

新宿《しんじゅく》

新宿西口、都庁の高層ビルに差す鋭角的な冬の光が巨大な影をつくりだしていた。ビルの谷間に押し潰されそうに生い茂る熊野神社の森は、その影にすっぽりと呑み込まれていた。

かつて熊野神社の境内には十二社《じゅうにそう》の滝が流れ、大小二つの池もあって、八代将軍吉宗《よしむね》が鷹狩りの途中に訪れるなど、江戸を代表する景勝地だった。

そして、景勝地として、人が集まりはじめると色街が形成されていった。十二社の色街は、江戸、明治、大正を経て、昭和四十年代まで続いていたという。まさに江戸から

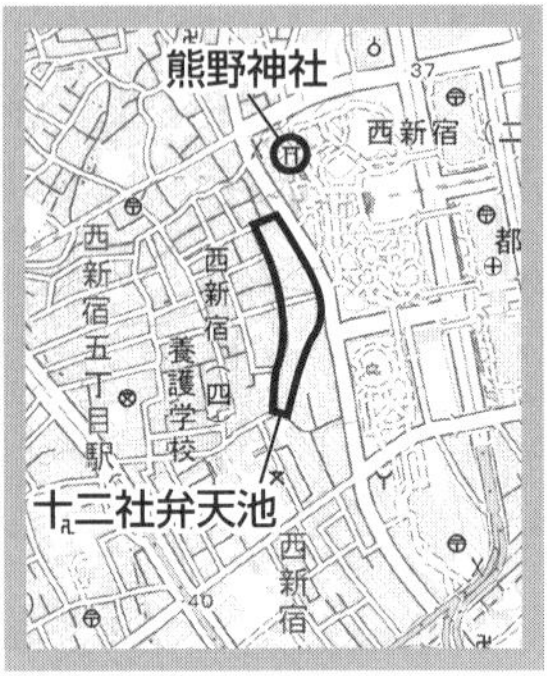

（十二社）

（新宿遊廓）

昭和42年（1967）の十二社弁天池。新宿副都心の開発で翌年の７月に埋め立てられた（新宿歴史博物館所蔵）

十二社の路地の様子。新宿の喧騒とは無縁の空気が流れていた

東京を経て、二百年以上の歴史を持っていた。

都庁を傍らに見ながら、新宿十二社界隈に足を運んでみた。

ビルの谷間を抜けると、閑静な住宅街が広がる。そこがかつての色街である。民家の庭に立派な松が植えられているのは、かつての待合だった建物だ。盛時には三百人もの芸者がこの街にいたというが、色街の名残は近年、急速に失われているようで、私が目にしたのは、二軒の待合跡の建物と、当時の雰囲気を残した路地の壁ぐらいだった。その路地にカメラを向けていたら、一匹の猫が通り過ぎた。

風景だけでなく、十二社という情緒ある地名も西新宿という無味乾燥な記号に変わり、土地の匂いは薄れているのだった。

飯盛旅籠からはじまる新宿の色街史

十二社から、新宿二丁目へと向かった。ゲイタウンとして知られる二丁目はかつて遊廓が置かれ、戦後はそのまま赤線となった。色街の起源を遡っていくと、江戸時代、甲州街道に内藤新宿が開かれたことにある。

それまで新宿の地は、雑木林も疎《まば》らな荒れ地で、人家も少なく侘しい土地であったという。

新宿に宿場ができたのは元禄十一年（一六九八）のこと。宿場が開かれると同時に五十

成覚寺の旭地蔵。遊女と心中した男の名が刻まれている

新宿２丁目にある太宗寺の玉垣には、遊廓から寄進されたものもある

酒井潔の『日本歓楽郷案内』で「新宿遊廓Fuji楼」と紹介されている写真（国立国会図書館所蔵）

二軒の旅人宿とそこに飯盛女百五十人を置くことが許された。幕府は建前として、全国の宿場に遊女を置くことは認めなかったが、旅籠の下女という扱いで、実態は遊女である飯盛女が働くことは認めた。

飯盛女は、娼婦でありながら表向きは下女であるという、何とも曖昧な存在である。その様は、日本のソープランドが浴場という建前で、働く女性たちが体を売っているにもかかわらず、法律的に認められていることと同じ構造である。そう考えると、日本社会の基層部分というのは江戸時代に形づくられていることが、性文化を通じて見えてくる。

二丁目のバー街から歩いて五分ほどの場所、靖国通りに面して成覚寺という寺がある。この寺の境内には、内藤新宿の飯盛女たちを弔った墓がある。

都内には、吉原の遊女たちを弔った浄閑寺など、彼女たちの墓が点在しているが、ここ成覚寺には、心中した客と飯盛女を弔った地蔵があるのだ。旭地蔵と呼ばれ、七組の男女の名前が記されている。誰もが現世に絶望を感じ命を絶ったのだろうか。飯盛女は前借金があり、それを返すまでは苦界から抜け出すことはできない。一方の客の男も、彼女を身請けするほどの財力があるわけではない。苦界から抜け出すには、来世で結ばれるしかなかった。

一方で、江戸時代には、『曾根崎心中《そねざきしんじゅう》』や『心中天網島《しんじゅうてんのあみじま》』が近松門左衛門《ちかまつもんざえもん》の脚本によって人形浄瑠璃などで演じられると、遊廓の客と遊女の間で心中が一時的なブームとなる事態も起きている。そのことを憂いた幕府が心中物を禁止する措置を出したほどだった。旭地蔵は江戸の悲劇を今日に伝えているのである。

外国人で賑わう新宿ゴールデン街のルーツ

二丁目からさらに歩いて、十分ほどで花園神社の裏にある新宿ゴールデン街に着く。

新宿ゴールデン街の起源は戦後に遡る。新宿南口にあった闇市和田マーケットが昭和二十四年（一九四九）にGHQの露店撤去令により、野っ原であった現在のゴールデン街周辺に移ってきたことに端を発する。さらには新宿二丁目の赤線付近で露店を出していた者たちも移ってきて、今日のゴールデン街が形づくられていった。

戦後の新宿や新橋、上野など主要な駅のまわりにできた闇市は、戦争によってすべてを失った者たちが、裸一貫ではじめた商売であった。しばらくして、世の中が落ち着いてくると、闇市を取り潰された彼らが、最後に集った一角がゴールデン街などの青線地帯であった。そこに身ひとつの女たちも流れてきたのである。

都電13号線の軌道跡（現在の新宿遊歩道公園・四季の路）。写真右下の家並が新宿ゴールデン街（新宿歴史博物館所蔵）

新宿十二社のマンションの一角にぽつんと鳥居が残る

FILE.19

日本最大のコリアンタウンの裏面史

大久保《おおくぼ》

コリアンタウンとして知られている新大久保。韓国料理屋や韓流アイドルのブロマイドなどを売る店が建ち並んでいて、そこかしこから韓国語が聞こえてくる。

つい最近知り合いと話していて、新大久保の話題になった。

「今はネパール人が多くて、リトルカトマンズ状態ですよ」

その人は、私がかつてネパールで暮らし、少なからず現地を取材していたことを知っていたから、そんなことを教えてくれたのだった。

そんな話を聞いたこともあり、新大久保を見たくなった。新宿駅で降りて、そこから新大久保へ向かうことにした。歌舞伎町を抜けて職安通りを渡り、新大久保へと抜ける細い

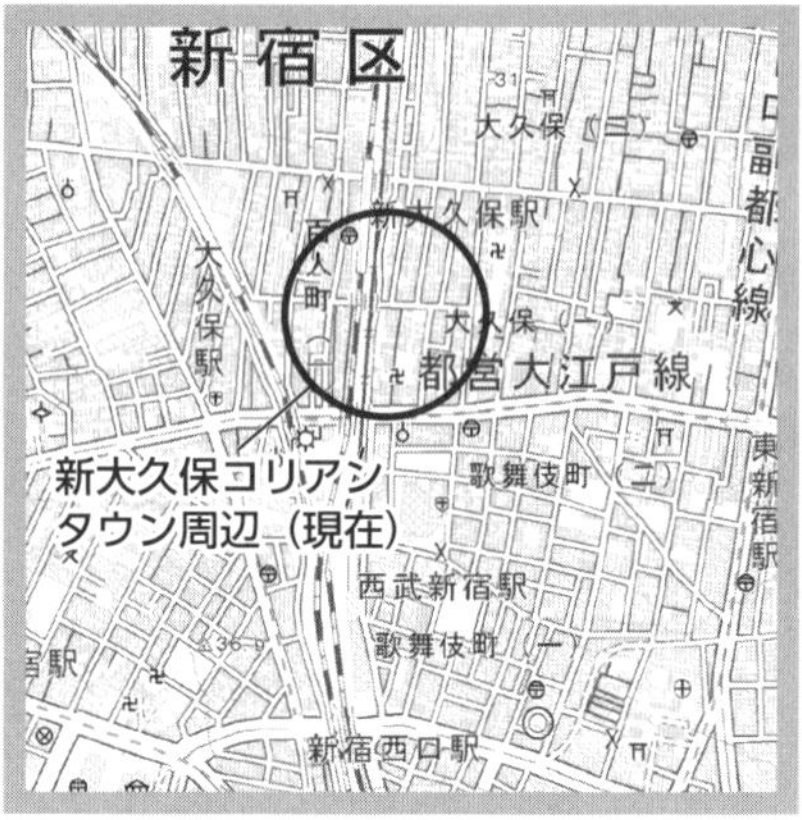

新大久保コリアンタウン周辺（現在）

コリアンタウンの新大久保は常に人で溢れている

路地に入る。車一台が通るのがやっとの路地にはかつて、夜ともなれば、道の両側にコロンビア人の娼婦たちが立っていた。

　長年世界各地の色街を歩いてきたが、あの時見た大久保の光景を凌駕《りょうが》するような光景には出会っていない。

コロンビア人娼婦がいる異空間

　日本の路地風景の中に立つ、金髪で長身の女たちがいるアンバランスな風景。心臓をバクバクさせながら、足早に路地を通り抜けた。職安通りの新宿側から新大久保側へと抜ける路地は、まさしく異空間であった。

　コロンビア人の娼婦がいた頃、路地を歩いたのはその一度だけだった。それから五年もしないうちに娼婦たちは消えてしまった。その後、幾度となくこの路地を歩いているが、ここを歩くたびにあの日、すれ違った娼婦たちのことがフラッシュバックするのである。

後から知ったことだが、コロンビア人の娼婦たちと客にトラブルが起きたとき、仲裁に入るなどの地回りの役割をしていたのは、イラン人の男たちが多かった。日本の新大久保という平成の世が生み出した色街で出会った、コロンビアの女とイランの男は、仕事上の繋がりから恋仲になるものも少なくなかった。彼らが暮らしていたのは、巣鴨のあたりだった。

何でそんなことを知っているかというと、ある事件の取材で巣鴨を取材しているときに、地元の人から、コロンビア人やイラン人が多く暮らしていて、自動販売機を壊すようなトラブルが絶えなかったという話を聞いたことがあったのだ。

そのコロンビア人もイラン人もすでにこの路地にはいない。ただ、今でも街娼の姿はあり、日本人娼婦や時おり暗がりにタイ人娼婦の姿を見かけるという。

時代の情勢で姿を変える大久保

そもそも、ここ新大久保のこの路地周辺が、コリアンタウンとなり、異国の娼婦が立つような色街の風情を漂わせはじめたのは、戦後のことである。

大久保一丁目や百人町と呼ばれるこのあたり一帯が開かれたのは江戸時代のことだった。百人町には、江戸時代に鉄砲同心が屋敷を与えられた。彼らは甲州街道を西から攻めてく

かつて街娼がいた路地には新築の賃貸物件が目立つ。近くにはラブホテルが建ち、混沌としている

多くのコロンビア人娼婦を見かけた一角

る敵から江戸城を守る役割があった。一方、大久保一丁目付近には鉄砲玉薬《たまぐすり》同心が置かれ、屋敷と特別に農地を与えられた。屋敷の区画は、南北に細長く、その長さは五百メートルもあったという。その名残が、今もまっすぐに南北に延びているこの路地なのである。

時代が明治に入ると、同心たちの多くはこの土地を去った。新たな住民になったのは、農民や牧歌的な風景に惹かれた文人たちで、島崎藤村《しまざきとうそん》などの作家たちの姿もあったという。ところが昭和二十年（一九四五）、太平洋戦争中の空襲によって、焼け野原となると、街の様相が変化しはじめる。ロッテの工場ができたことにより、仕事を求める在日朝鮮人の数が増え、コリアンタウンの源流となる。さらに昭和四十年代に歌舞伎町のクラブなどで、外国人女性のじゃぱゆきさんが働きはじめると、ほど近い大久保周辺に部屋を借りる者も少なくなかった。

彼女たちの中には、仕事の流れで、大久保界隈にできた連れ込みホテルに行く者もいて、いつしか路上にも娼婦が立つようになったのである。大久保の色街というのは、歴史的な因縁というよりは、時代情勢がつくり出したものだった。

大久保から、新大久保に入ると、浅黒い肌をした男や女たちの姿が目についた。彼らの話す言葉に耳を澄まして聞くと、ネパール語であった。立ち話をしてみると、ほとんどがネパール人の留学生だった。

昭和36年（1961）当時の百人町交差点付近。拡幅前の職安通りでは交通渋滞が問題化していた（新宿歴史博物館所蔵）

昭和46年（1971）４月14日に撮影された新大久保駅前から大久保通り西方向の様子（新宿歴史博物館所蔵）

江戸時代の幕臣から、文人、さらには、韓国人、イラン人やコロンビア人、さらにはネパール人と、街は目まぐるしくその様を変えているのだ。

FILE.20

渋谷《しぶや》

流行発信の街・シブヤに残る猥雑な空間

夏の盛り、ハチ公前を抜けてスクランブル交差点を歩いていると、右も左も、四方八方若者だらけである。

めったに渋谷に足を運ぶことはないが、その理由は十代の若者たちが持つ無邪気なパワーの前に圧倒されてしまうからである。

私は道の外れをこそこそと歩きながら、かつての私娼窟、大和田横町（現在の渋谷マークシティ周辺）に向かっていた。アスファルトとビルに囲まれた渋谷の街であるが、その地形は谷が入り組んでいて、空気が抜けないこともあり、ぬめりとした湿気に包まれている。

江戸時代以前は、山賊が出るような江戸の外れであり、江戸時代に入ってからも谷戸田《やとだ》

が広がる田園地帯であった渋谷が、大きく変わるきっかけとなったのは、軍隊の存在だった。

明治末期の明治四十二年（一九〇九）、代々木に練兵場ができ、軍隊相手の商売が活発になると、軍人相手の色街が渋谷に形成されたのだ。

三味線横丁と呼ばれた渋谷の私娼窟

色街は軍の階級によって遊ぶ場所も違った。将校が利用したのは、今ではラブホテル街となっている円山町であった。一方で、階級の低い下士官や兵卒が利用したのが、渋谷駅から道玄坂へと向かう途中にある大和田横町の私娼窟であった。

谷のてっぺんに将校相手の円山町、谷底に大和田横町と軍隊の階級がそのまま色街の置かれた土地に反映されていた。

大和田横町の私娼たちは主に立ちんぼや飲み屋の女たちであったという。別名三味線横丁と呼ばれ、大正時代にひと際栄えた。ところが、大正五年（一九一六）に警視庁が私娼撲滅運動を開始すると、大和田横町や浅草など私娼たちの巣窟が標的にされ、大和田横町から私娼たちは消えたという。

警視庁の私娼撲滅運動は、売春に目くじらを立てていたわけではなく、政府の目が行き届きやすい公娼を増やしたいという思惑があった。

後年、日本軍は兵士たちの性病対策として慰安所を設置したわけだが、軍隊にとって性病は兵の稼働率に深刻な影響をもたらしたことから、娼婦たちを管理下に置くことは重要なことであった。浅草の私娼窟は、この摘発を生き延びたが、大和田横町は兵士たちが出入りしていたこともあり、徹底的に取り締りの対象になったのかもしれない。

大和田横町を歩いてみると、小さな間口の飲食店や個室DVD店などが軒を連ねている。谷戸に街が広がる渋谷は、どこを歩いても圧迫感を感じるが、特に大和田横町は、若者たちの街、渋谷の中でも違った、猥雑な雰囲気を醸し出している。街の因縁は、百年近い時の流れでも、そうやすやすと消え去るわけではないのだ。

隆盛を極めた花街からラブホテル街へ

私娼ということで、思い浮かぶのは、昼間は東京電力の女性会社員、夜は娼婦という女性が殺された東電OL殺人事件である。事件の舞台となったのは、大和田横町から道玄坂をのぼり円山町のラブホテル街を抜け、三方を丘に囲まれた谷の底にある神泉。ちなみに神泉という地名は、遠い昔インドから空鉢仙人《からはちせんにん》と呼ばれる僧が空を飛んでやって来て、この地に暮らしながら、湧いていた泉で不老不死の薬を練っていたことに由来するという。

神泉にあった共同浴場の弘法湯。明治時代に料理旅館の神泉館を浴場に併設したことが、円山町花街の礎となった（白根記念渋谷区郷土博物館・文学館所蔵）

円山町の花街が最盛期を迎えていた昭和10年（1935）に行われた「渋谷花柳界創開二十年記念祝賀」のパレード（白根記念渋谷区郷土博物館・文学館所蔵）

今では住宅街に飲食店が点在する神泉であるが、円山町地区が三業地に指定されると、代々木練兵場とともに栄えてきた歴史があった。ちなみに円山町の三業地が一番栄えたのは大正時代から昭和初期のことで、円山町には、待合だけで百軒近く、芸者置屋百三十軒以上、芸者の数は四百人を超えていた。

昭和四十年代から五十年代にかけて、芸者の数が減り、待合や芸者置屋が廃業していくと、次々とラブホテルに建て替わっていったのだった。

そして殺害された電力会社の女性会社員のように、街角に立って春を売る女たちが現れはじめたのである。

大正時代、大和田横町で春を売った私娼たち、そして平成の世になって、経済的に満たされているにもかかわらず、春を売っていた電力会社の女性社員。

両者は同じ娼婦でありながら、求めるものはまったく違う。日々の糧《かて》を得るために体を

かつて私娼窟だった大和田横町の現在の様子。ここに私娼が溢れた時代があった

円山町花街の中心に位置する道玄坂地蔵尊。東電ＯＬ殺人事件後には被害女性の名で呼ばれるようになった

売った者と、満たされない心の隙間を埋めるために春を売った者とでも言おうか。

渋谷に生きた女たちに思いを馳せながら、街を歩いてみると、時代の変化を感じずにはいられない。

円山町界隈の花街文化が消え、代わりに現れたのは、壁に描かれた落書き

占領下の東京に出現した夜の女たち

有楽町《ゆうらくちょう》・皇居前《こうきょまえ》

大粒の雨が、桜田門前の濠の水面を騒がせていた。雨にもかかわらず、皇居前の広場には、アジアや欧米など世界各地から来た観光客がカメラ片手にしきりに写真を撮っている。

緑の芝生には、松が植えられ、整然とした空間は、日本を代表する美しい広場といってもいいだろう。

今から七十三年前の終戦の日に時計の針を戻すと、この広場では、日本の敗戦を悲嘆し、砂利に突っ伏す者や、中には腹を切る者もいた。今の時代からは想像もできないが、天皇陛下が日本の精神文化の中枢にいらしたことを何よりもその行為が物語っている。

そんな光景が繰り広げられてから二週間後の昭和二十年（一九四五）八月末、進駐軍が

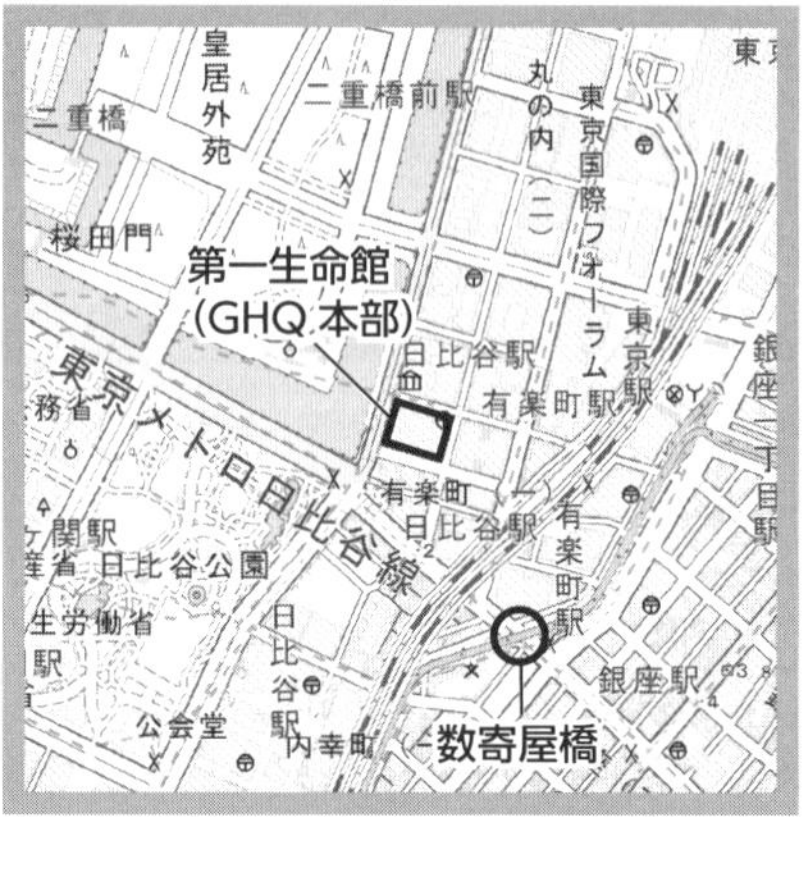

戦後の一時期、パンパンと米兵たちが歩いた宮城（皇居）前広場

東京へとやって来ると、戦前、戦中の価値観からは想像もつかない場所となっていった。天皇陛下の赤子《せきし》たちが涙した場所は、パンパンと呼ばれた娼婦たちが、米兵相手に体を売った場所になった。

困窮の時代に選択した職業

この場所を主に利用したのはラク町の女と呼ばれ、有楽町界隈にたむろしたパンパンたちだった。

RAAの情報課長をしていた鏑木《かぶらぎ》清一《せいいち》が著した『秘録 進駐軍慰安作戦 昭和のお吉たち』にパンパンたちの行動を描いた記述がある。

〈泊り客の場合、家のある女は家に連れこ

んでもよいが、ショートの時、家まで行ったら、時間がかかってあとの客がとれないから、近くの宿を使った方が得であること。青カンですませられたら、宮城前広場か、日比谷公園のベンチですませてしまった方が手っ取り早いし……〉

パンパンとなった女たちは、乳飲み子を抱えた者や夫を戦争で亡くした者がほとんどで、いわばその日を生き抜くために体を開いた女たちだった。

戦前、戦中の価値観の崩壊とともに、食糧を手にするためには、金が何よりも大事だったのである。

ちなみに皇居前広場における青カンは、米兵たちが去った後、日本人のカップルに受け継がれ、東京オリンピックが開かれる直前まで盛んだったという。国際的なイベントが行われることになると、決まって性風俗に対して締め付けが強くなるが、青カンもまたしかりであった。

今日、皇居前広場に立ってみると、異国の客人やランニングを楽しむ者など、穏やかな空気に包まれている。たかが、六十年ほど前には、性の匂いが充満していた。人の世というのは、一寸先は闇だなとつくづく思う。

戦後、数寄屋橋にできた即席の露店。数寄屋橋は街娼たちの活動の場でもあった(『すきや橋の露店』中央区立京橋図書館所蔵)

有楽町駅のガード下に立つパンパン。彼女たちは夜の女、闇の女とも呼ばれた(『アサヒグラフ増刊 われらが100年』より)

戦後日本を象徴する重要な場所

皇居前から、日比谷公園を抜けて、有楽町へと向かった。次項で詳述するが、戦後パンパンが一番最初に現れたのは、地下鉄銀座線銀座駅の構内であった。彼女たちは、しばらくして、そこを締め出され、向かったのが有楽町駅のガード下だった。

有楽町のパンパンとして知られているのが、ラク町のお時だろう。東京大空襲で親族を失った彼女は、有楽町へと流れてきて、日劇の地下を根城にしながら、かつて国電と呼ばれたＪＲのガード下に立って春を売った。ＮＨＫの藤倉修一《ふじくらしゅういち》アナウンサーのインタビューを受けるなどし、今となってはパンパンの貴重な肉声を残すことになった。

戦後直後の有楽町には、二百人ほどのパンパンがいたという。有楽町駅の周囲を歩いてみれば、今も変わらずＪＲのガードがあり、小規模の飲食店が軒を連ねている。ガード下の壁に目をやれば、壁は黒ずんでいて、どこから街娼たちが姿を現しても、不思議ではないように感じる。一方で、ガード下から、陽の当たる有楽町界隈に建つビル群を眺めてみれば、同じ土地でありながら、両者の間には時代の断絶といっては言い過ぎかもしれないが、少なからずギャップがある。

有楽町にたむろしたパンパンたちは、米兵が去り、日本経済が右肩上がりに伸びていく

せわしなく人々が行き交う有楽町駅前広場

このガード下にもパンパンたちがたむろした時代があった

と、有楽町から消えていった。

現代の様子からは娼婦がいたことを想像することすら難しいが、街の片隅には、往時の空気が間違いなく宿っていた。

FILE.22

銀座《ぎんざ》

RAAの拠点となった一等地の歓楽街

サラリーマンに混じって、着飾った女たちが、絶え間なく目の前を通り過ぎていく。高級ブランドショップや百貨店が建ち並ぶ銀座は、女たちにとって、ショッピングの聖地といっていいだろう。私は地下鉄銀座線銀座駅の三越側にある改札を出たところにいた。

それにしても駅構内の天井が低い。手が届きそうな高さである。銀座というしゃれた場所でありながら、天井の低さがなんとなく人間臭さを漂わせ、この地下通路が戦前にできたことを物語っている。銀座線は、日本最古の地下鉄として知られている。それだけ数多の人間たちがこの場所を通り過ぎていき、堆積してきた人の匂いが染み付いているようにも思えた。

ただ、百年以上の歴史を持つ三越へと繋がるこの地下通路に、かつて娼婦たちが溢れていたことを知る者は、ほとんどいないだろう。

進駐軍のための巨大遊興施設

時は今から七十年以上前の戦後に遡る。日本の敗北によって太平洋戦争が終結すると、日本各地に米軍を中心とした進駐軍が駐留することになる。進駐を前に日本政府は、米兵たちが、日本の婦女子に暴行することを恐れ、RAAと呼ばれた進駐軍相手の売春施設を日本各地に設置したのだが、女性を募集し面接する事務所があったのは、ここ銀座だった。

事務所ばかりでなく、RAAによるキャバレーが銀座千疋屋（当時銀座八丁目にあった）と銀座松坂屋（現在のGINZA SIX）の地下につくられた。他にもビリヤード場やダンスホールなど計八施設があった。しかも、松坂屋のキャバレーはホステス四百名、伊東屋のダンスホールは三百名と巨大な施設であった。

娼婦たちの活動拠点となっていた銀座駅構内

米兵の集まるところには、当然ながら体を売る女も集まった。RAAの施設だけでなく、三越や服部時計店（現在の和光本店）のビルは進駐軍向けの売店となり、さらに路地裏には連れ込み宿もでき、銀座は米兵たちにとって一大歓楽街となった。海外からの観光客が溢れ、しゃれた雰囲気の銀座からは、想像もできない姿である。

公的な売春施設であったRAAに集まった女性ばかりではなく、まともな職がない当時の時代状況の中で、米兵相手に体を売ることは、生き抜く術《すべ》のひとつであった。銀座だけでなく東京、そして日本中にあった進駐軍の施設のまわりにはパンパンと呼ばれた娼婦たちの姿が日常の点景となっていた。

屋外で客の男を見つけるパンパンたちにとって、銀座駅の構内は、雨露をしのげ、客となる米兵も多かったため、このうえない待機場所だったわけである。パンパンたちは、タバコの闇売りを兼ね

三十間堀川の埋立地に建てられた銀座館マーケット。進駐軍相手の記念品が売られていた（『進駐軍相手の記念品売り場』中央区立京橋図書館所蔵）

正面の服部時計店のビルは昭和27年(1952)までPXとして接収されていた(『昭和二十五年七月の銀座ビジネス・センター　ー銀座五丁目上空ヨリ京橋方面ヲー』中央区立京橋図書館所蔵)

ながら、米兵たちの袖を引いたという。米兵相手の売春が金になることが知れ渡ると、銀座駅の構内は、常時二、三十人のパンパンたちで溢れたという。

銀座を追い出された女たち

改めて、当時の光景を想像しながら、構内を見渡してみるが、どこからも退廃的な空気は漂ってこない。

前後の混乱期、疲弊していたとはいえ、さすがに首都東京の一等地を堂々と娼婦たちが闊歩するのは、いかがなものかと思ったのか、銀座駅にたむろした娼婦たちは、その後駅構内への立ち入りを禁じられた。

駅構内を追い払われたところで、彼女たちのやることに変わりはなかった。当時、闇市が形成されていた上野や新橋など、米兵ばかりでなく日本人も集まった歓楽街へと流れていったのである。

RAAは昭和二十一年（一九四六）には性病の蔓延や風紀の乱れを理由にGHQから解散を命じられる。そこで働いていた女たちも一時的に行き場を失ったが、やはり行き着くところは同じである。彼女たちは路上に流れたり、赤線地帯や青線地帯などに身を寄せた。

今もかろうじて残っている全国津々浦々にある裏風俗地帯は、戦後の混乱期に起源を持つ色街も少なくないのだ。

銀座と売春、今ではイメージとしてまったく結びつかない両者が、確かに存在していた時代があった。行き交う女性たちに目をやりながら、この場所に間違いなく存在していた娼婦たちのことを思い浮かべると、今見ている光景が、幻想のように思えてくるのだった。

ＲＡＡの事務所は、ここからほど近い場所にあった

ＧＨＱの本部として接収された第一生命館(現在のＤＮタワー21)

終戦後につくられた新興のカフェー街

三鷹《みたか》

ポツダム特飲街と呼ばれた三鷹の色街を歩くため、中央線に揺られて三鷹に向かった。その途中、寄りたいなと思う場所があった。若者にアンケートを取ると、住みたい街ランキングで常に上位に位置する中央線沿線の吉祥寺である。

吉祥寺駅北口を降りると、ビルとビルの谷間に軒の低い何軒もの商店が密集したハモニカ横丁がある。もともとは戦後の闇市に端を発する場所だ。商店が肩を寄せ合い密集する様が、ハーモニカのように見えるからそう呼ばれるようになったというが、言い得て妙だ。

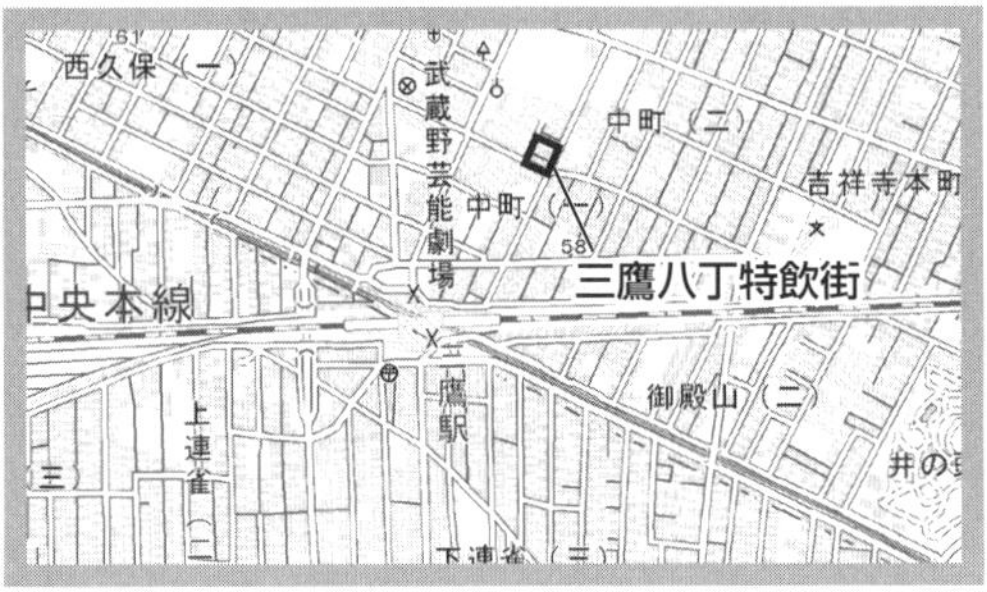

戦後焼け野原となった東京の主な駅の周辺に雨後のタケノコの如く、闇市は次々と生まれた。新橋、神田、上野、新宿、池袋、赤羽、下北沢、亀戸、小岩など、人が集まる場所

ハモニカ横丁の狭い通りからは、今も戦後の匂いが漂う

ハモニカ横丁の武蔵通り側からの入口。こちらの看板には「ハーモニカ横丁」とある（撮影：編集部）

にはどこでも闇市があったといっても過言ではない。

闇市の店は、世の中が落ち着き、街の区画が整理されると、駅ビルの中などに押し込められ、東京から消えていった。当時の面影を残しているのは上野のアメ横や亀有、ここ吉祥寺ぐらいだろう。

闇市では、米軍基地から流れてくる品々や食糧などを目当てに人々が集まり、さらに男たちを目当てに娼婦たちも集まった。闇市に隣接するように色街や街娼たちが集う場所が形成されていった。

ハモニカ横丁の狭い路地の中を歩いてみると、路地から二階へと上がる狭い階段がある店が何軒もあった。かつて二階は娼婦が客を招き入れるちょんの間だったのだろうか。

ハモニカ横丁の店は、おしゃれな吉祥寺らしく、しゃれた洋服店や飲食店に姿を変えていて、区画や建物のつくりだけが当時の面影を残していた。

住宅街につくられたポツダム特飲街

吉祥寺の隣駅が三鷹である。

駅を降りると、何となくではあるが、東京の下町と比べると、人も街も落ちついているような印象を受ける。果たしてこの街のどこに色街があったのか、にわかに信じがたい。

ポツダム特飲街と呼ばれた三鷹八丁特飲街の現在の様子

最初に触れたポツダム特飲街というのは、ポツダム宣言受諾後にできた色街ということでつけられた名称である。戦前から売春を生業としてきた業者が、進駐軍相手に店を開いて、ひと儲けを画策したというのが、ポツダム特飲街が現れた理由であった。

ポツダム特飲街は、かつての三業地などにもつくられたが、中には色街とはゆかりもない住宅街につくられ、池上本門寺や高田馬場などでは、住民たちの反対運動によって頓挫している。

ここ三鷹のポツダム特飲街は、三鷹八丁特飲街と呼ばれた。住宅地の一角にあって、飲食店などを装って出店したのは、昭和二十五年（一九五〇）のことだった。

住宅街にできた特飲街であったが、ここ

に色街ができた理由は、戦前に遡ることができる。江戸から明治にかけて、三鷹の周辺は、武蔵野の典型的な田園地帯であったが、大正時代に関東大震災が起こると、郊外の宅地化が進み、三鷹周辺は少しずつ住宅街に変わっていく。さらに、昭和五年（一九三〇）には横河電機の工場、昭和十三年（一九三八）には中島飛行機武蔵野製作所が建設された。太平洋戦争がはじまると、中島飛行機の工場には全国から五万人もの従業員が集まり、国内第一の生産量を誇る軍需工場となった。

ところが昭和十九年（一九四四）から、米軍による十数回の空襲を受け、工場は廃墟と化した。終戦後、その場所に進駐軍のキャンプができたのだった。一方、戦後も横河電機の工場は稼働を続け、特飲街を開いても客を呼び込める環境にあった。

横河電機の工場を横目に見ながら、駅から十分ほど歩いただろうか、住宅街から一本入ったひと筋の路地の中に、スナックが建ち並んでいた。そこが夢の跡である。

特飲街は繁盛したようで、四十軒もの出店計画があったが、営業をはじめて一年ほど経った頃から、住民たちの反対運動が起きはじめた。

結局、売春防止法が完全施行される直前まで営業を続け、打ち上げ花火のように七年で色街の歴史を終えた。

ちなみに三鷹は、太宰治が暮らした街である。特飲街ができる二年前に彼は入水自殺している。もし生きていれば、この色街の姿を目に焼き付けたのではないか。

特飲街跡にあるタイル貼りの壁が美しい小料理屋

特飲街の近くで見かけた豪壮な壁

FILE.24

調布《ちょうふ》

映画の街にあった短命の赤線地帯

「昔は道がずいぶんと細くてね。びっしりと家が建っていたから、向こうにバスが走っているけど、あの道路は見えなかったのよ」

私は、京王線調布駅から歩いて十分ほどの場所にある赤線跡にいた。そこで出会った年配の女性に、赤線時代の話をふってみたら、そんなことを教えてくれた。調布の赤線は旧甲州街道から延びた一本の道の両側に広がっていた。

かつてその道は、車一台が通るのがやっとの道幅、しかも建物が入り組んでいたため、私たちがいる場所から三百メートルほど離れた、通りの入口と接している旧甲州街道を見ることができなかったという。

今では、道路沿いに並んでいたというホテルや赤線建築の建物などは、区画整理と道路

仲町特飲街と呼ばれた赤線のあった通り

仲町通り沿いで見かけた外壁が印象的なスナック

拡張によってきれいさっぱりとなくなっていた。

調布の色街は、昭和三十年（一九五五）には、十七軒、五十九人の娼婦たちがいたというが、昭和三十三年（一九五八）の売春防止法が施行される前に灯が消えている。『調布市史』によれば、付近住民が廃止の

明治時代後期の上布田宿の様子。連合売出しが開催中で、多くの買い物客で賑わっている（調布市郷土博物館所蔵）

請願を出し、地元の商店街は、客を呼ぶためには特飲街が必要だと反対したが、昭和三十一年（一九五六）には全廃されたという。

幕末になって栄えた布田五宿

歴史を辿っていけば、色街のはじまりは江戸時代に遡る。調布と呼ばれる前は、国領、上石原、下石原、上布田、下布田の五宿からなる布田五宿と呼ばれた。

布田五宿は、甲州街道の宿場の中でも、規模は小さく、大名が宿泊する本陣、脇本陣がなかった。飯盛旅籠もなく、府中宿に比べて侘しい空気に包まれていた。宿場に客を呼ぶことができる飯盛旅籠をつくるのは、幕府の許可が必要で、許可を得ることができたのは、幕府が終焉を迎える三年前の慶応元年（一八六五）のことだった。

許可が下りた理由は、七千両の御用金を長州征伐のために用立てると申し出たことにあった。現在の価値に換算すると約九億円。旅人の少ない貧しい宿場であったため、一括で支払うことは不可能だ。幕府側も少しでも現金が必要だったのだろうか、飯盛旅籠の設置を許可している。幕末の混乱期でなければ、認められることはなかっただろう。

明治八年（一八七五）の記録によれば、十四人の経営者がいて、四十八人の娼婦がいたという。その二年後には、娼婦の数は八十二人にまで増えている。そのことからも、宿場が活況を呈していたことが伺える。女性たちの半数以上は都内の芝や麻布あたりの出身だった。当事の芝や麻布には零細な町民が多く暮らしていたのだ。明治時代後半になると、娼婦の大半は、新潟から来た女性たちに変わっていく。東京の都市下層民たちの経済状況が上向き、代わりに流れてきたのが、地方の女性たちだった。

江戸の末期から昭和三十一年まで、九十年ほど色街は続いた。アスファルトの下には、様々な女たちの思いがこもっているに違いない。

廃止後の調布のカフェー街を視察する婦人議員の一行（『サンデー毎日』昭和31年6月10日号より）

赤線通りが調布の表玄関だった

通りをさらに歩いていくと、古くからこの土地で商売をしていそうな煎餅屋があった。店には、年齢が四十代と思しき店主とその妻だろうか、女性の姿があった。

「赤線のことについて、いろいろと調べているんですが、何か聞いている話はないでしょうか？」

「俺が生まれる前のことだからな。建物が残っていたことぐらいしか記憶がないな。今じゃパルコの方が賑やかだけど、昔はこっちの方が人が多かったんだよ。駅の出口もこっちにあったしな」

赤線があったのは駅から見て北東、パルコは西である。正反対に位置し、今ではパルコ側が調布の表玄関であるが、赤線側が表玄関だった時代があったという。

店主の男性は、気安く話に応じてくれたが、女性は赤線という言葉を聞いたためだろうか、店の奥に消えた。

「それにしても、何のお仕事をしているんですか？」

店主は、赤線について尋ねた私のことを何者だと逆に聞いてきた。

消えてしまいそうな色街の歴史を調べて歩いていると言うと、そんな仕事があるのかとでも言いた気に不思議そうな顔をした。

「そういえば、何年か前に、この通りの古い建物を壊したときに白粉《おしろい》が出てきたことがあったな。そういう商売をしていたから、残っていたんじゃないのかな」

その建物があったという場所は、今では道路になっていて、何の面影も残っていない。

赤線跡のそばにある昭和の風情を残す調布百店街

今や調布の玄関口であるパルコ前。かつては赤線側が表玄関だった

府中《ふちゅう》

武蔵国の要衝だった甲州街道の宿場町

京王線に乗って府中を訪ねた。改札を出ると目の前はショッピングモールとなっている。終戦直後は新興マーケットという闇市があったという。府中には米軍が進駐してきたこともあり、パンパンたちの姿も多かった。ふらりとやって来た人間には、そんな匂いを感じることはないだろう。

同じ京王線沿線の街でも、府中とは対照的に吉祥寺あたりには、駅前に闇市の雰囲気を濃密に宿した横丁が今も残っている。闇市が形成されたということは、人と物の行き来が盛んだったということだ。ここ府中は甲州街道の宿場町として栄え、さらには大國魂神社《おおくにたまじんじゃ》が鎮座し、武蔵国の国府も置かれていたことから、古代から府中を拠点として東西南北に街道が通じていた。

甲州街道府中宿の現在の様子。街道沿いに商家と並ぶかたちで飯盛旅籠が点在していた

戦前まで遊女がいた府中の旅籠

徳川幕府が開かれると、街道の整備が進み、各街道には宿場が置かれるようになった。幕府は表向き遊女を置くことを禁じていたが、旅籠につき二人、飯盛女という名目で遊女の存在を黙認したのだった。

そしてここ、府中の宿場は、安永六年（一七七七）に幕府の許可を得て飯盛女を置く旅籠ができたという。あくまでも公許を得たのが、その年なので、もしかしたらそれより前にこっそりと春を売る旅籠はあったかもしれない。そもそも、街道筋の娼婦たちの起源を辿っていけば、古代の傀儡《くぐつ》女《め》まで遡る。幕府が遊女を置くことを制限したというのは、それだけ街道と売春は密

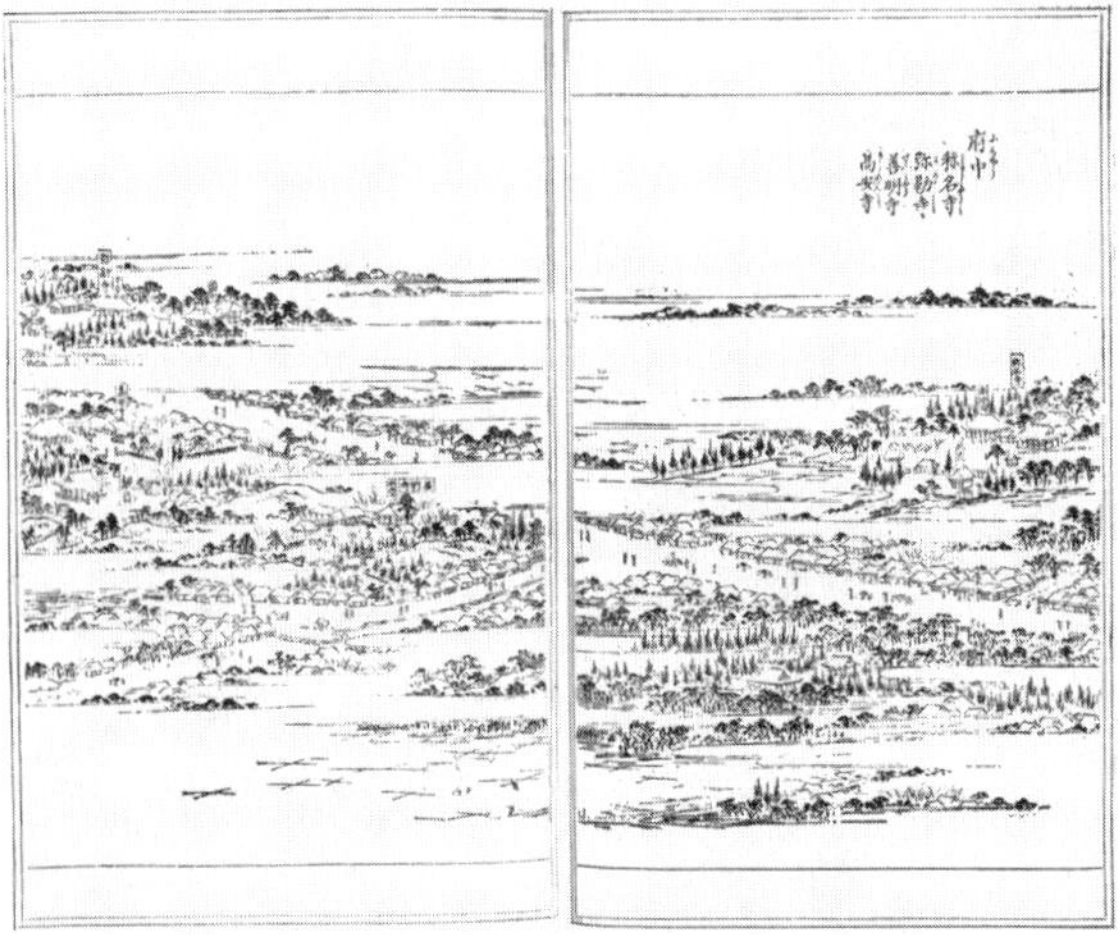

『江戸名所図会』に描かれた府中の様子（『江戸名所図会　3巻』より「府中　称名寺 弥勒寺 善明寺 高安寺」国立国会図書館所蔵）

接に繋がっていたことの証でもある。

府中宿は、新宿《しんしゅく》、本町、馬場町の三町からなっていたが、飯盛女を置く旅籠があったのは、新宿だけであった。飯盛旅籠ができてからは、宿場の風紀が乱れたようで、飯盛旅籠自ら、客を長逗留させない、賭け事をさせないなど、営業するうえでの心得を宿場の名主に提出している。

街道筋には旅籠が並び、明治、大正、太平洋戦争がはじまる前まで、飯盛女たちに起源を持つ娼婦たちが春を売っていたという。

ここ府中の宿場が栄えたのは、上州や奥多摩方面から運ばれてくる生糸《きいと》の商いによってだった。時代をさらに遡っていけば、鎌倉時代の終わりには、上州から鎌倉に攻

府中宿で亡くなった飯盛女たちの墓

めのぼる新田義貞《にったよしさだ》が、府中からほど近い分《ぶ》倍河原《ばいがわら》で鎌倉幕府軍を打ち破ったことからわかるように、交通の要衝でもあった。

飯盛女たちを弔った墓石

駅を出て、まず向かったのは、称名寺という寺である。

そこには、遊女墓があるというので、宿場を歩く前に手を合わせておこうと思ったのだ。

墓地の中ほどに墓があった。墓の主たちは、新宿の杉嶋屋という名の飯盛旅籠で働いていた遊女や彼女たちが堕胎した水子のものである。

墓碑をみると、明治はもとより、江戸時代の文久、嘉永と書かれた没年が読み取れる。果たして遊女たちは、どこから来てこの地で命を終えたのだろうか。遊女たちは、客との間に子を身籠っても、産み育てることは許されない。仮に無事出産したとしても赤子は間引かれる運命にあった。

『府中市史』によれば、称名寺の過去帳には、江戸の嘉永から明治にかけての遊女たちの名前と年齢が記されているが、長命のもので二十六歳、ほとんどの遊女は十九歳から二十一歳で亡くなっているという。

墓地が残っているのは、杉嶋屋のものだけで、他の飯盛旅籠の遊女たちの墓は残っていない。

墓地を出て、五分も歩かないうちに甲州街道にぶつかる。

遊女たちが働いていた杉嶋屋は、大國魂神社からほど近い場所にあったというが、今では建物の痕跡は何もなく、往時を伝えるものはない。さらに街道を、西に向かって歩いていくと、当時のままの高札場《こうさつば》が残っている。高札場から、一分も歩かない場所に病院があるが、そこにはかつて田中屋という遊廓があって、昭和四十八年（一九七三）まで建物が残っていたという。

病院に足を運んでみると、駐車場の稲荷と一本の松の木が目についた。おそらく、その松は遊廓時代に植えられたものではないか。というのは、田中屋を写した古写真に似たような形の松が写っているのだ。
松と稲荷に色街の残り香を感じながら、私は府中を後にしたのだった。

飯盛旅籠の杉嶋屋が大國魂神社に寄進した天水桶

かつて遊廓が建っていた場所に残る鳥居

立川《たちかわ》

基地の街を育んだ戦後盛り場の痕跡

毎年発表される住みたい街ランキングで、年々順位をあげていて、多摩地区では人気ナンバーワンだという立川。

駅を降りると、ショッピングモールが建ち並び、駅から少し足を延ばせば、広々とした公園もある。住みたいということも頷ける。

駅の周りを歩く限り、色街の匂いは漂ってこない。ところが、時計の針を少し巻き戻すと、街のあちこちに娼婦たちが群れていた時代があった。

歓楽街には米兵と街娼が溢れていた

昭和二十五年（一九五〇）に勃発した朝鮮戦争。その当時立川には、米軍基地があった。

今ではその広大な敷地は、自衛隊の基地、さらには市民の憩いの場である国営昭和記念公園になっている。

今となっては、米兵たちの姿はどこにもないが、その時代の立川は米兵たちの街そのものだった。ちなみに、立川の米軍基地は、キャンプフィンカムと呼ばれた。米軍の資材庫が置かれていたことから、主に物資や人員の運搬を受け持っていた。さらには、横田基地や府中基地なども近く、周辺から足を運んでくる米兵も数多くいて、一大歓楽街であったのだ。

そうした米兵たちを目当てにしたパンパンたちの数は三千人とも五千人ともいわれている。米兵たちは、銃後の日本で一瞬であっただろうが、戦場のことを忘れることができたのだった。

米兵たちは、彼らを目当てに後をついてくるパンパンたちのことをイエローストールと呼んだという。ストールとは英語で便器のことだ。娼婦たちは、黄色人種を意味する黄色と便器、黄色い公衆便所と蔑《さげす》まれたのだった。

パンパンたちの側もしたたかで、立川の米兵たちは、輸送を担当し、戦闘に直接加わらなかったことから、手当も少なく、ケチだと評判で、爆撃機を操り、たっぷりと手当が出ていて気前の良かった横田基地の米兵たちを客にすることを望んだという。

駅の南北を挟んで存在した色街

そもそも立川に米軍基地ができたのは、戦前からあった日本軍の立川飛行場を、戦後に米軍が接収したことに端を発する。日本軍の飛行場は大正十一年（一九二二）に完成し、それに付随して飛行機の開発や修繕のための施設もつくられた。

それまで武蔵野の農村だった立川は、飛行場の建設とともに軍都として大きく発展していくこととなった。さらに、兵士や労働者の慰安施設として、色街が形成されるのである。

戦中の立川には、錦町楽天地と羽衣楽天地というふたつの色街があった。どちらも洲崎遊廓から移転してきた業者が開いたものだ。歴史が古いのは錦町で、もともと飛行場の建設から数年後には芸者置屋があったが、戦争とともに衰退していき、洲崎の業者が入り慰安施設となったのである。

戦前の軍都から立川の色街は産声をあげ、それが米軍の進駐とともに引き継がれたのだった。

錦町楽天地と羽衣楽天地、そこに米兵たちがいたことを感じさせるのは、錦町楽天地である。米兵がいた時代から、営業を続けているスナックが今もある。ただ、店の二代目のママはこう語る。

英語の看板が溢れる昭和27年(1952)頃の高松大通り(現・立川通り)の様子(立川市歴史民俗資料館所蔵)

昭和35年(1960)頃に撮影された米軍立川基地(立川市歴史民俗資料館所蔵)

「昔は賑やかだったと聞いていますが、その時代のことはよくわからないんですよ」
朝鮮戦争であれば、六十年以上、ベトナム戦争でもすでに四十年以上が経過している。ますます色街の記憶は薄らいでゆくことだろう。

羽衣楽天地は、すでに住宅街となっていて、色街だった面影すら残っていない。

戦後直後の立川には、色街ばかりでなく、日本軍が貯蔵していた物資や、米軍基地から流れてくる品々を売り捌いた闇市もあった。駅の北口から現在立川通りと呼ばれる高松大通りのあたりに露店が並んだという。高松大通りの一本北側にはシネマ通りがあるが、そこもかつては、米兵相手のバーが建ち並んでいた。今でも、スナックなどが

スナックをはじめとした飲食店が並ぶ旧錦町楽天地の一角

軒を連ね、ほんのりと色街だった頃の匂いが漂ってくる。

そのシネマ通りから北に延びた通りを入っていくと、そこには立川グランド劇場というストリップ劇場もあった。今では廃墟然とした雰囲気が漂っている。そのストリップ劇場では、フィリピンや南米の女たちが、個室で売春をしていたという。

住みたい街立川を歩くと、そこかしこに色街の痕跡が残っているのだった。

電柱には、かつて色街だったことを伝える「楽天地」の文字が残る

風俗店に貼られていた色褪せたポスター

FILE.27

八王子《はちおうじ》

生糸産業で隆盛を極めた川沿いの遊里

とある日曜日の朝、JR八王子駅にいた。かつて八王子にあった田町遊廓の跡地を訪ねようと思っていたのだ。

この日は、友人のYさんも一緒に向かうことになっていて、改札を出たところで待ち合わせをした。Yさんは大手企業のサラリーマンをしているのだが、色街巡りをライフワークとしていて、有給休暇が取れると、沖縄や九州の色街をひとり探訪している趣味人である。色街に関する知識も相当なもので、彼から教わることも多々あり、時おり一緒に色街跡を巡っている。

朝食を摂っていなかったので、駅を出てすぐに目についたサンドウィッチ店に入った。

すでにYさんは、田町遊廓跡を訪ねているので、今回は彼に道案内をお願いしたのだった。

河岸に遊里が置かれる理由

腹ごしらえをしてから、二十分ほど歩いただろうか、見るからに、周囲の道より広い一本の道が走る場所に出た。

「ここがそうですね」

Yさんが、田町遊廓跡に着いたことを教えてくれた。遊廓跡には、一軒の遊廓建築の建物と、大きな灯篭が庭に置かれた家があった。遊廓だった頃の面影を残しているのはそうした建物と道幅ぐらいで、どこでも見かける住宅に様変わりしている。

遊廓から少し道を外れてみると、やはりこの色街のそばを川が流れている。多摩川へと通じる浅川だ。

思えば、数多の色街を巡って来たが、川のほとりにない色街はあっただろうか。色街とは時の権力者の意思によって、土地を定められることが多いが、決まって農地にも居住にも適さない河岸であることがほとんどだ。考えてみれば、色街は権力者によって場所を定められながらも、何者にも属さない空間である河岸を与えられることによって、自由を得ることができる。

そう考えると、権力者は色街をコントロールしているようでできないのだ。私が色街に

田町遊廓時代のメインストリート

遊廓からほど近い場所を流れる浅川

メインストリートに残存していた当時の建物。戦前の色街の空気を纏った貴重な遺構だ

惹かれ続けるのは、色街の独立性にあるのかもしれない。

田町遊廓の起源を辿ると、江戸時代に江戸と甲州を結んだ甲州街道の宿場町として栄えた八王子宿に遡る。

八王子宿に飯盛女を置く飯盛旅籠が許されたのは、享保三年（一七一八）のことだったという。ちょうど八代将軍吉宗の頃である。その時代、飯盛旅籠は三十軒あり、少なくとも六十人の飯盛女が働いていた。

八王子の財政を支えた遊廓

さらに時代が下って、明治時代に入ると、八王子は生糸の商いの中心地として賑わいをみせるようになる。上州や奥多摩で生産された生糸の一大集散地となったのだ。高崎から八王子を結ぶ今のＪＲ八高線、さらには八王子と横浜を結ぶ横浜線は、八王子を経由して横浜に生糸を運ぶために敷かれたものだった。

鉄路以前は、人力で八王子から横浜へと生糸が運ばれたわけだが、八王子の鑓水《やりみず》などは生糸の売買で財を成した農家を多く生み出した村としても知られていて、生糸の商いは八王子周辺に多くの富をもたらした。

この頃には、飯盛旅籠を持つ八王子の宿場はますます栄えた。明治四十二年（一九〇九）の記録によると、八王子の地方税のうち約三割が遊廓から納められた税金だったという。なお、明治三十年（一八九七）に宿場に大火が起こり、遊廓は甲州街道沿いから、現在の跡地に移っている。当時町外れで、周囲は水田だったことから、遊廓は田町遊廓と名付けられたのだった。

大きな灯篭が残る家から、ひとりの女性が出てきた。失礼を承知で話しかけてみた。

「赤線跡の取材をしているんですが、赤線に関係のあるお仕事をされていたんでしょうか？」

「すいません。わからないんですよ」

女性はそう答えると、自転車に乗ってどこかに出かけてしまった。今度は、おそらく事情を知っている年配の男性が現れた。

大正12年(1923)に撮影された田町遊廓。太平洋戦争の空襲の被害を免れ、開設当初の妓楼が戦後しばらく残っていた(八王子市郷土資料館)

住宅街の所々に色街の雰囲気を残した建物があった

「ここもそういう商売をしていたよ。誰も好き好んで話すようなことじゃないでしょ」

それはそうだよなと、自分に言い聞かせながら、八王子を後にしたのだった。

FILE.28

品川《しながわ》

四宿随一の賑やかさを誇った品川宿

横浜ＤｅＮＡベイスターズの本拠地といえば横浜スタジアム。その場所には、横浜が江戸時代に開港されて間もなく、港崎《みよざき》遊廓がつくられた。

港崎遊廓には岩《がん》亀《き》楼《ろう》という妓楼があったが、その岩亀楼の石灯籠が、横浜スタジアムに隣接する公園の一角、日本式庭園の中にぽつんと残されている。それ以外に港崎遊廓を偲ばせるものは何も残っていない。

この岩亀楼を建てた人物というのが、品川宿で飯盛旅籠を経営し、財を成した佐藤佐吉という男である。

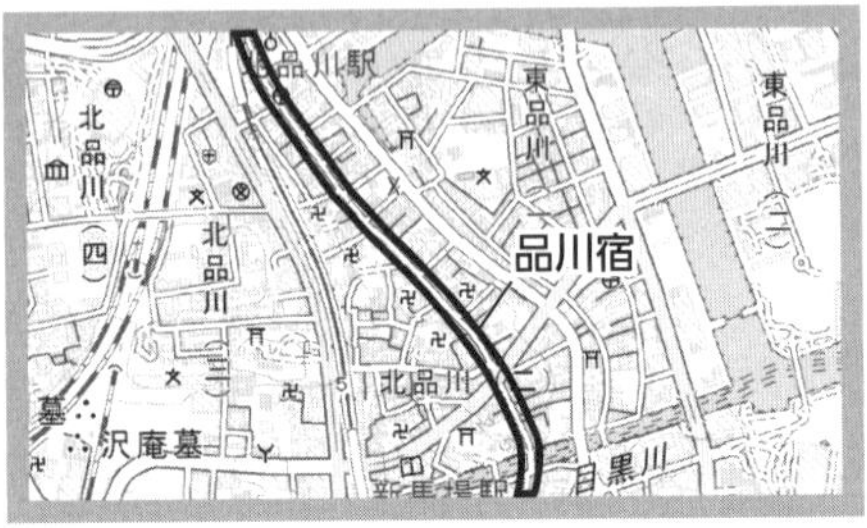

戦後、空襲によって焼け出された洲崎や玉の井の業者が都内はもとより関東各地に流れて、新たな色街の形成に寄与したが、江戸時代においても事情は同じで、幕府は横浜に新

かつての歩行新宿。品川宿有数の妓楼だった土蔵相模はこのあたりにあった

品川浦の船溜まりから高層ビル群を臨む

たな色街をつくる際に、江戸で吉原と並ぶ色街として知られていた品川の飯盛旅籠の経営者に白羽の矢を立てた。

飯盛旅籠から発展を遂げた品川遊廓

品川宿は、歩行新宿《かちしんしゅく》、北品川宿、南品川宿の三宿からなり、江戸時代末期の天保年間には九十二軒の飯盛旅籠があって、千三百五十二人の飯盛女がいたという。幕府は品川宿には五百人の飯盛女を置くことを許していたが、実際にはその倍以上の飯盛女がいたわけである。ちなみに千住と内藤新宿に許されていたのは、それぞれ百五十人の飯盛女だった。それらの数字と比べても、品川宿がいかに賑わいをみせていたかわかるだろう。

その品川宿の中でも屈指の規模を誇ったのが、佐吉の経営していた岩槻楼であった。品川三業組合が発行した『品川遊廓史考』（永田宗二郎著）に岩槻楼に関する記述がある。

〈本宿屈指の大店にて名妓も數多居たり。有名なる横濱岩亀樓の經營者なり。此家の女郎衆の部屋は、壹人に對し八疊六疊四疊半の三間を與へたり。この樓明治十年十一月九日の火災に焼失〉

何とも豪壮な雰囲気が伝わってくる記述だ。京浜急行の品川駅から、歩いて岩槻楼のあった品川宿へと向かった。

品川の色街は、昭和三十三年（一九五八）まで続いたこともあり、当時のものと思われるカフェー調建築が何軒か残っている。

品川遊廓に存在していた相模桜（上）と島崎桜（永田宗二郎著『品川遊廓史考』国立国会図書館所蔵）

今ではここから海を見ることができないが、江戸時代には、すぐ目の前まで海が迫っていた。江戸からも近く、風光明媚《めいび》な品川は、多くの男たちを魅きつける魅力があった。お伊勢参りに向かった者が、品川宿で全財産を使い果たし、お伊勢参りを断念したという笑い話があるほどだ。

岩槻という要地と飯盛旅籠の関連性

今回私が品川宿を訪ねたのは、佐吉の足跡を辿ってみたいと思ったからだ。岩槻楼は焼失していることもあり、何も残っておらず、現在その場所は雑居ビルになっている。岩槻という屋号からわかるように、佐吉は埼玉県岩槻の出身である。

そもそも岩槻出身の佐吉が、なぜ品川で飯盛旅籠を経営したのか、まずはそこから調べようと思い、品川から佐吉の故郷である岩槻へも足を延ばした。

歴史を紐解いてみると、江戸時代の岩槻は、江戸と日光を結ぶ御成《おなり》街道の重要な拠点であった。御成街道は、表向きは日光への参拝路であるが、江戸が攻められた際には、そのまま将軍の脱出路にもなり、岩槻城は籠城の拠点となるほど重要視された。城の米蔵には、常に数年の籠城に耐えられる米が蓄えられ、幕府にとって信頼の篤い領主が配置されていた。そんなこともあり、幕末、岩槻藩は東京湾の海防を命じられ、品川の台場建設などに携わったのだった。

これはあくまでも私論であるから、あまり目くじらを立てず聞いて欲しい。台場建設の人足を癒すものが必要とされるのは社会の常である。もしかしたら、そこに商機を見て品川で飯盛旅籠を経営したのが佐吉だったのではないか。

品川宿を歩きながら見かけた昭和の雰囲気を感じさせる住宅

旧南品川宿に残る交番だった建物

江戸時代、売春は公権力と密接に結びついていた。幕府も実質娼婦である飯盛女が宿場の賑わいには欠かせない存在として黙認していた。それ故に、開港された横浜にも色街を築いたのである。武家社会と売春の繋がりは根深いことを佐吉から感じたのだった。
もうしばらく、品川宿と佐吉のことを調べる旅は続いていく。

FILE.29

大森《おおもり》

「性の防波堤」を名目とした国策売春施設

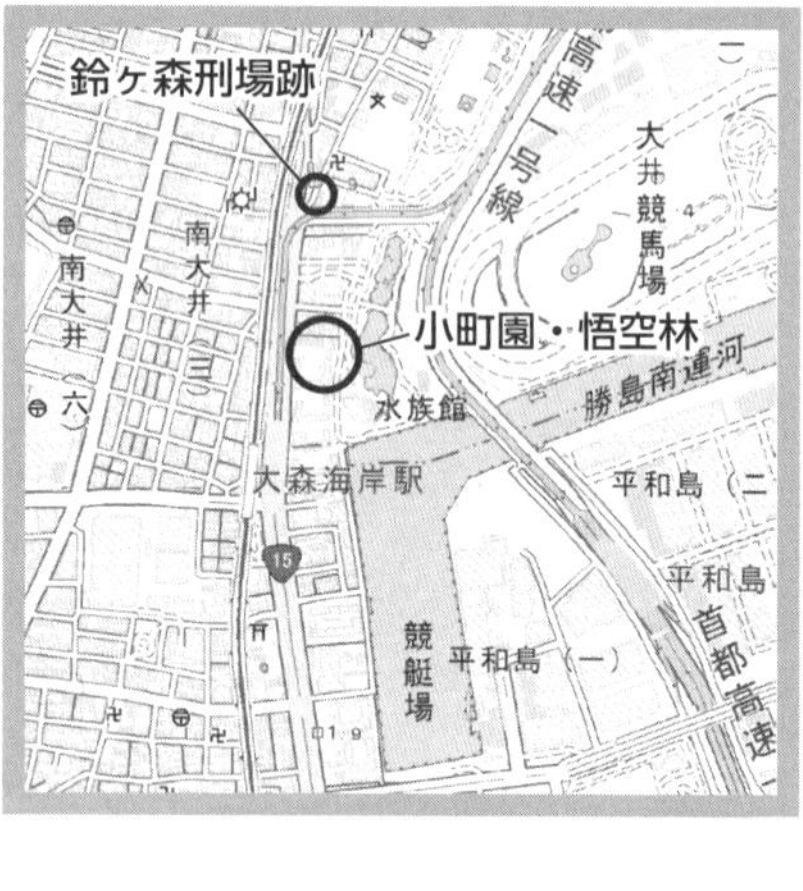

京浜急行の大森海岸駅を出て、国道十五号沿いを歩いてみると、マンションが建ち並び、大森海岸という地名から連想される海はどこにもない。

明治の時代まで時計の針を戻してみると、この場所には松林と砂浜が広がり、景勝地として文人墨客に愛された。砂浜は、八幡海岸と呼ばれ、明治時代になって、東京の人口が増えていくと、海水浴場として開発された。さらに、海水浴客を当て込んで、料理屋が軒を連ねるようになったという。それは明治二十年代のことだった。さらに明治三十年代になると、料理屋だけでなく、芸妓屋が店を出しはじめ、大森海岸三業地と呼ばれるようになった。

大森海岸三業地を歩いてみると、ビルとビルの谷間に、かつての料亭を思わせる建物が

小町園と同様、慰安施設となった大森の旧料亭悟空林(昭和41年撮影)。手前の道路が当時の国道15号(資料提供：ブログ「淡彩スケッチ町ある記」)

ぽつりと残っていた。建物を眺めていたら、平和島競艇場からボートのエンジン音が響いてきた。

役割を終えた古《いにしえ》の建物と、アスファルトに変わった砂浜。失われた景色にしばし思いを馳せるが、ボートの甲高いエンジン音がそんな思いを掻《か》き消すのだった。

第一号の慰安施設となった小町園

この大森の色街を語るうえで、外すことができないのは、戦後の小町園だろう。

日本の敗戦により米軍は日本の各地に進駐してきたが、それに先立って、日本の各所に、米兵たち向けの慰安所がＲＡＡによって設置された。

東京で米兵向けの売春施設として、最初に営業したのが大森海岸三業地と隣接する大井三業地にあった小町園だった。終戦から二週間も経っていない八月二十八日のことだった。

小町園のあった場所に向かってみた。小町園以外にも悟空林や楽々園といった慰安施設があったが、今ではその面影はどこにもなかった。小町園の跡地は高層マンションになっていた。

小町園に集まったのはどのような女性たちだったのか。戦前から小町園で働いてきた女性従業員が、最初に米兵を相手にすることとなった三十人の女たちの姿を目にしたときの記録が『証言 昭和二十年八月十五日―敗戦下の日本人』に収録されている。


〈いよいよ、明日の二十八日、厚木へ進駐軍の第一陣がのり込むという、その前日になって、お店の前に、二台のトラックがとまり、そこから、若い女のひとばかり三十人ばかりが、おりて、なかへ、ぞろぞろ入ってきました。（中略）モンペをはいているひともいますし、防空服みたいなものをつけているひともいます。（中略）何といっても、若い年頃のひと達ばかりですから、一種の甘い匂いのようなものが、たゞよっていました。このひとたちは、みんな素人のひとでした。（中略）進駐軍にサービスをするという事は分って

大森海岸三業地に今も残る料亭梅本

いても、そのサービスが肉体そのもののサービスだとは思わなかったひと達もいて、なかには、そのときまで、一人も男のひとの肌には触れなかった生娘も何人かまじっていました。〉

それにしても、何とも生々しい記録だなと思う。

戦争がなければ、金のために米兵に体を許すことはなかったであろう女性たちが、小町園に入った翌日から米兵たちの相手をした。横浜方面から今の国道十五号をジープに乗ってやって来た米兵五人が第一号の客だったという。

その日から、小町園には多くの米兵が集まり大混乱の様相を呈した。ひとりで十人を相手にするのはざらで、中には朝から晩まで六十人を相手にし、絶命した女性もいたほどだった。

マンションの一角には、小町園時代からこの場に鎮座していると思われる小さな社《やしろ》が残っていた。社には、この場所で体を売った女たちも手を合わせたことだろう。そう思うと、社は女たちの分身のように見えてならなかった。

小町園からさらに、品川方面に向かって歩いていくと、鈴ヶ森刑場跡がある。江戸時代に二十万人が処刑されたという。いわば鈴ヶ森も小町園も東京の外縁にあって、東京を守る結界の役割を果たしていた。時代を越えた地縁というものを感じずにはいられなかった。

悟空林の跡地に建てられたマンションの一角に残る社

明治時代の鈴ヶ森の風景。車夫２人で人力車を引いている（『旅の家つと 第12 東京附近の巻』国立国会図書館所蔵）

鈴ヶ森刑場跡で
見かけた卒塔婆

FILE.30

アパートを改装した工場街の小さな赤線

武蔵新田《むさしにった》

ＪＲ蒲田駅から東急多摩川線に乗って、武蔵新田駅で降りた。木造の駅舎が温かみを感じさせて、歩くリズムも自然とゆっくりとなる。

武蔵新田に着いたのがちょうど昼時だったこともあり、腹ごしらえをしてから、街を歩くことにした。入ったラーメン屋は、建設現場の作業員やスーツ姿のサラリーマンなどで、活気づいていた。手際よく運ばれてきた醤油ラーメンをすすってから、再び街に出た。

駅から居酒屋などの飲食店が目立つ通りを五分ほど歩いただろうか、スーパーのマルエツが見えてくる。

そのマルエツのあたりがかつて、色街だったという。

かつて女性たちが春を売っていた建物が今も残る

アパートやマンションが居並ぶ赤線跡地

産業戦士のための慰安施設

武蔵新田に色街ができたのは、戦時中のことだった。戦後の洲崎パラダイスで知られる洲崎遊廓が空襲で焼け、そこの業者が移ってきたことがはじまりである。

戦時中、旧日本軍は戦地に慰安所をつくり、兵士たちにひとときの安寧を提供したが、ここ武蔵新田が果たした役割は、当時産業戦士と呼ばれ、軍需工場で働く労働者たちを癒すことだった。

蒲田駅のある大田区周辺は今も中小の工場が軒を連ね、その数は東京都で第一位である。そのルーツを辿っていけば、中島飛行機の下請け工場など、戦時中の多くの軍需工場に行き着く。

兵器を滞りなく戦場に送るため、銃後の労働者を癒すことも政府にとって重要なことであった。

色街跡周辺を歩いてみると、そのほとんどは住宅やマンションなどになっているが、所々に往時を偲ばせる建物が残っていた。私は誰か、昔を知る人に話を聞きたいと思った。すると、一人の老人が一軒のアパートから出てきた。声を掛けずにはいられなかった。

「このあたりが赤線だと聞いていているんですが？」

武蔵新田の赤線特有だった既存のアパートを利用した特飲店（図版はカストリ出版刊行の『赤線の灯は消えても…』より）

「そうだよ。赤線ともいったけど、パンパン屋と呼んでいたんだよ。昔は賑やかなところだったよね。そんなことを覚えている人は、もうこのあたりではいないいんじゃないかな。もう六十年前の話だよ」

年の頃、八十代と思しき男性は、色街跡を歩いている旨を伝えると、遠い記憶を引っ張り出しながら、話してくれた。男性の話し方には東北訛りがあった。

結核で亡くなる女性が多かった

昭和三十年（一九五五）に刊行された『全国女性街ガイド』によれば、武蔵新田には、百七十五人の娼婦がいたという。昭和三十三年（一九五八）に施行された売春防止法により、色街は消えてしまった。

「今は道路が広くなっているけど、当時は人がすれ違えるほどの小道しかなくてね。建物の入口に女の人が立っていてさ」

「遊んだことはあったんですか？」

「遊んだことはなかったな。俺は秋田から出て来た婿さんだったから、ここに出入りしているることがバレたら、追い出されてしまうからね。だけど見物に来たことはあったよ。そん時に、女の人にズボンを掴まれて、建物に入れられそうになったことがあったよ」

「どんな女の人が働いていたんですかね？」

「俺の記憶だと、女の人は五十人以上はいたんじゃないかな。みんな、仕方なくて働いていたんだと思うよ。よく覚えているのは、働いている環境が良くなかったから、女の人が何人も亡くなったのは覚えているね」

「死因は何だったんですか？」

「結核だよね」

それにしても、細かい事情まで知っているので、改めて尋ねた。

「本当に遊んだこと、ないんですか？」

「うん、まぁまぁ、知り合いに顔なんか見られた日には、家に帰れないから遊んだことはないんだよ」

狭い路地に赤線時代の記憶が宿る

否定する素ぶりに、わずかばかりの躊躇《ためら》いを感じたが、これ以上尋ねるのはやめた。

男性の話によれば、今では住居になっている建物と建物の間を走る小道だけが、かつてのままだという。

「雨が降るとさ、入り水があって、大きな水たまりができてね。売防法が出てから、ぱたっとなくなっちゃったんだよな。昔の建物も、ほとんど潰しちゃったから、ぜんぜん変わってしまったよね。持ち主は売り払っていなくなっちゃった」

今度は男性が私に尋ねてきた。

「それにしても、あなたは何を調べているの？」

「色街の歴史を調べているんです。今話してもらった貴重な話を残していきたいと思っているんです」

「そんなことをしてもどうしようもないでしょ?」

「どうしようもあるんです。話を聞いておかないといけないと思っているんです」

男性は納得したのか、しないのか、降り始めた雨の中を去って行った。

店の外は鈴なりの男性客でいっぱい

さらに、赤線跡を歩いていると、かつてこの場所で女性たちが働いていたであろう古い木造家屋を見つけた。呼び鈴を鳴らすと、中から女性が顔を出した。

「赤線の取材をしているもんなんですが、以前そうしたご商売をされていたんでしょうか?」

「私ではないですけど、両親がそうした商売をしていたんです。何人もの女の人を置いていましたよ」

女性は特に嫌がるふうでもなく、赤線時代に特飲店を経営していたことを認めた。

「女の人は六人ぐらいいたかな。私は中学生ぐらいでね。『お姉さん、お客さんですよ』と声かけをしたりね。外にずらずらと男の人が並んでいましたよ」

「両親はどちらのご出身だったんですか?」

一軒の娼家に多くの部屋があったことをうかがわせる複数のガスメーター

「北海道の出身で、洲崎でこういう商売をしていて、その後こっちに来たって聞いてますよ。うちの両親は、そんなに長くやっていなかったと思いますよ。一年半ぐらいだったんじゃないですか」
「どこから来た女性が多かったんですか?」
「北海道だね。若い子が多かった。中には十六歳の子もいましたよ。みんな生活のために来ていたから、大変よ。本当に大変。ここが閉まってからは、みんな北海道に帰った。あっちは、うるさくないからこっそり商売していたそうですよ。女の人は強いよ」
女性には今も生々しい記憶が刻まれているのだった。

FILE.31

水田につくられた戦後の私娼窟

町田《まちだ》

ＪＲ町田駅南口のエスカレーターを下りていくと、ファミレスの向こうに川が流れている。東京と神奈川をわける境界となっている境川である。橋を渡るとラブホテル街があり、そこに「たんぼ」と呼ばれる色街があった。

あったと過去形になっているのは、すでに摘発によって消えてから十年以上の年月が経っているからである。

初めて私がたんぼに足を運んだのは平成十六年（二〇〇四）のことだった。プレハブづくりのバーを装った店が数軒あって、タイ人や中国人の娼婦たちがいた。街はまだ生きていたが、警察の取り締りを警戒しているのだろう、娼婦たちは向こうから声を掛けてくることはなかった。それから間もなく、たんぼは摘発によって消えた。盛時には八十軒近い

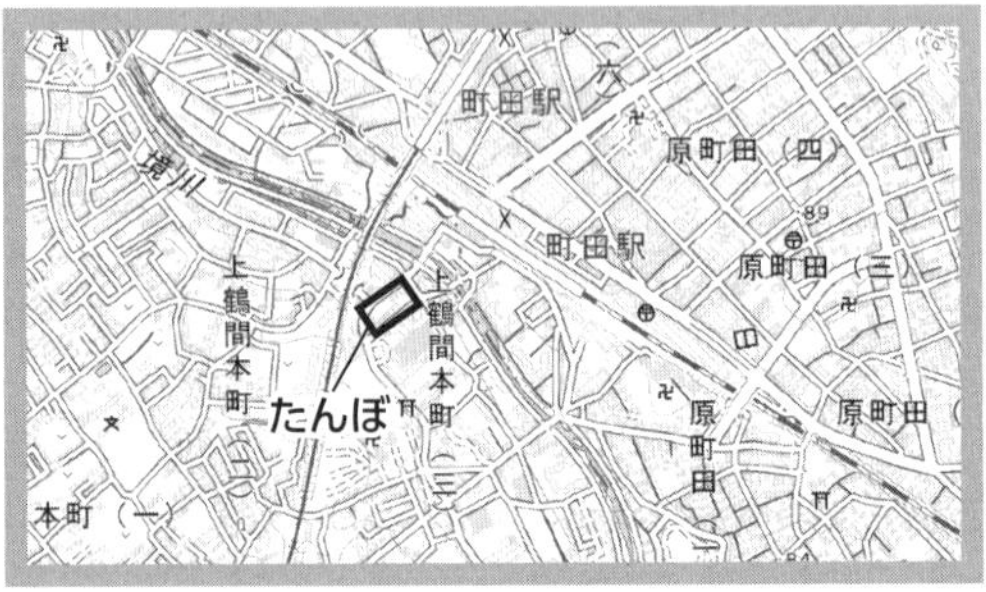

たんぼのすぐそばを流れる境川。かつては水田を潤していた

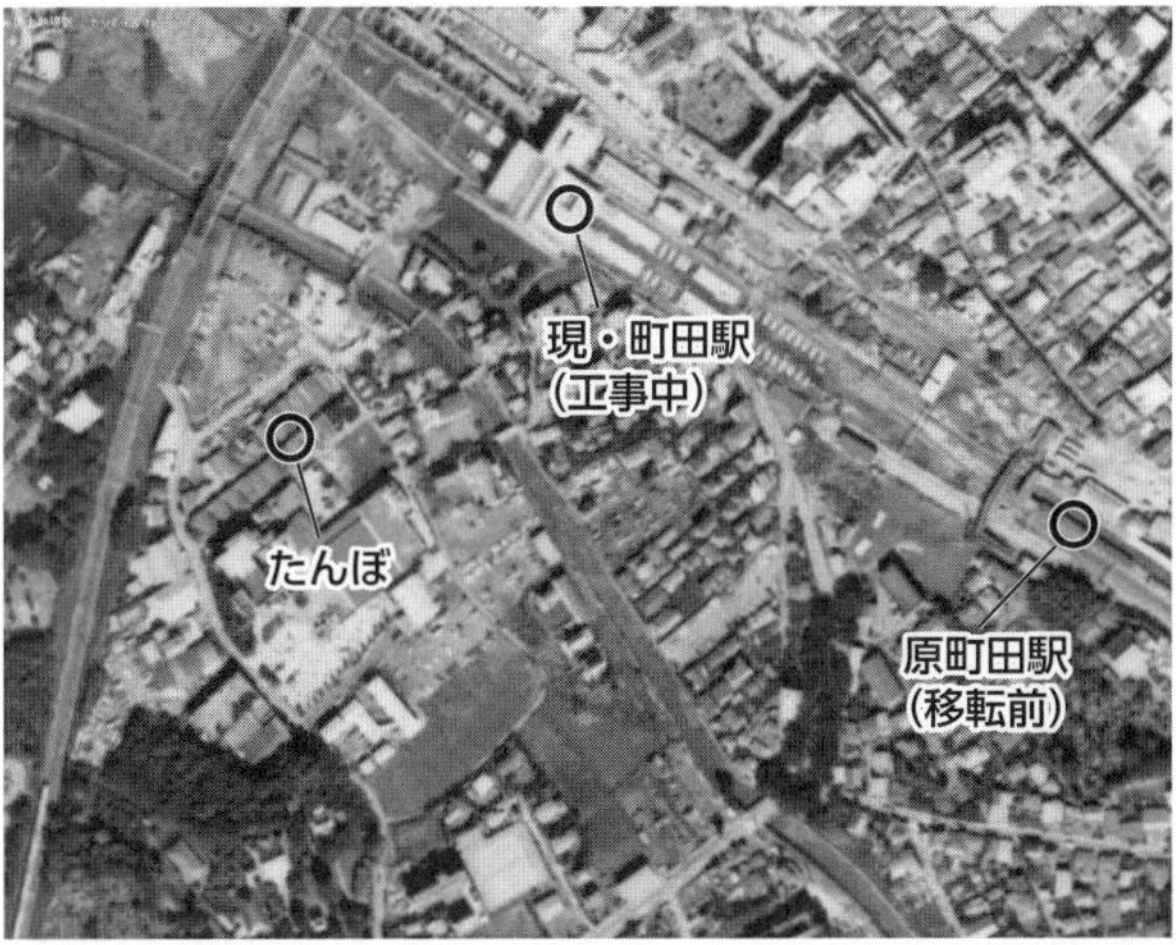

昭和54年(1979) 10月撮影の町田市の空中写真。丸印の付近が現役時代のたんぼ(国土地理院「地理院地図」空中写真CKT791-C36-20)

店があったというが、私が目にしたのはそんな華やかな景色ではなく、消える寸前の灯だった。

今も猥雑な空気の中にある色街跡

久しぶりに消えたたんぼを歩いた。「町田のたんぼ」という呼ばれ方をするが、正確を期すと、境川を東京側から渡った神奈川県側の相模原市にある。色街を訪れる客にはそんなことはどうでもよく、町田駅の目の前にあることから、そう呼ばれるようになったのだろう。

ラブホテルに挟まれた細い路地の中を歩いて、かつて娼婦たちがいたプレハブ小屋の場所へと向かった。プレハブ小屋があったと思しき場所に来ても、どこにもそれはなかった。プレハブ小屋は、駐車場となっていた。昨今摘発され、役割を終えた色街を歩くと、どこも駐車場ばかりが目につくが、ここ町田も多分に漏れていなかった。

一方で、周囲にあるラブホテルや、ピンサロなどが入った雑居ビルは今もあって、猥雑な空気に包まれていることに変わりはなかった。

たんぼのある場所は、時計の針を八十年ほど戻すと、かつては境川沿いに広がる水田地帯であったという。農地が色街へと変貌するきっかけになったのは戦争だった。

摘発後のたんぼには今も立ちんぼが現れることがあり、注意を喚起する立看板があった

時は昭和十二年（一九三七）、相模原に陸軍士官学校ができ、翌年に当時東洋一といわれた陸軍造兵廠などがつくられると、相模原は軍都として産声をあげた。戦争末期には、米軍による相模湾上陸作戦が想定され、相模原や町田の丘陵地帯は帝都防衛の重要な陣地となった。だが本土決戦は幻のものとなり、戦争が終わると、日本軍の施設は米軍に接収された。

相模原の施設は、進駐してきた第一騎兵師団によって昭和二十年（一九四五）九月初旬に接収された。最初に進駐した第一騎兵師団の兵士たちは規律があり、住民たちとの間にさしたるトラブルが発生しなかったが、後に進駐してきた第七十高射砲集団の黒人兵たちは強姦、暴行などを頻繁に起こしたと、『相模原市史』は伝えている。黒人兵たちは、部隊内で白人兵たちから差別される存在で、その鬱憤《うっぷん》の捌《は》け口を日本人に向けたと同書は分析している。

米兵相手からはじまった、たんぼの歴史

ここ相模原でも、日本全国の米軍基地周辺と同じように、多くの娼婦たちが米兵を目当てに集まった。戦後すぐは、基地周辺や町田駅周辺など、各所に娼婦たちが散在していたが、朝鮮戦争がはじまり、多くの米兵たちが相模原周辺の米軍基地に集まると、昭和二十八年（一九五三）六月にスケベハウスと呼ばれた特飲街が水田を潰してできたのだった。米兵相手の日本人娼婦たちからはじまったたんぼの売春は、後に外国人の娼婦たちに引き継がれた。

たんぼには、かつてここが水田だった頃の面影は勿論ない。さらに言えば、米兵たちがこの場所にいたことを知る人も少ない。

平成十七年（二〇〇五）の摘発により、色街の歴史に終止符が打たれたわけだが、もう少し引いて考えてみると、色街の縮小というのは、風紀粛正という側面ばかりでなく、日本軍であれ、米兵であれ、そして、じゃぱゆきさんを買った男たちであれ、買う側の活力も失われているのではないかという気になってくる。

日本社会から急速に男臭さが失われているのではないか。ひとりたんぼのラブホテル街を歩きながらそんなことを思った。

おそらくもう二度とこの場所に紅燈が灯ることはないだろう。

ラブホテル街は今も健在で、都市のアジールとして立ちんぼを呼び寄せている

かつてちょんの間があった場所の一部は駐車場になっていた

あとがき

現れては消えていった東京の色街。そこに、数多の女と男が行き交い、いくつもの物語が編まれたはずだが、路地はアスファルトで覆われ、マンションなどが建ち並び、江戸時代の色街跡には建造物など残っていない。それでも不思議なもので、雑多な街並みであったり、一直線ではない区画などに、そこはかとなく往時の匂いを感じたりする。

私は日本の色街や色街跡を歩いてきたが、今回は東京に絞って物語を綴ってみた。地方の遊廓跡に行くと、建物がそのまま残っていたり、大阪の飛田や松島のように今も色街として生きている土地や、色街としては役割を終えていても、往時の空気を色濃く残している土地も少なくない。そうした色街については拙著『色街遺産を歩く』の中で発表しているが、地方の色街に比べて、東京は極端に過去の建造物が残っていない。

その理由をあげてみれば、江戸時代の度重なる大火、大正時代の関東大震災、そして太平洋戦争中の東京大空襲などによって、街が幾度となく灰燼《かいじん》に帰したこと。そして、昭和三十九年（一九六四）に開催された東京オリンピックによって大規模に開発されたことなどにより、建造物だけでなく、街の様相が変化したこと。さらに加えれば、世の中の変動と直結する首都であることによって、社会の日陰に存在する色街は常に開発の波に晒されてきたことがあげられる。

江戸時代から現代まで、神社仏閣や駅の周辺、海岸などの景勝地には、数多の色街が存在した。この本では紙数の制限もあり、すべてを網羅することはできなかったが、その痕跡を探し、私が巡った東京の百ヶ所以上の色街の中から、特に印象に残った土地を抜粋した。

前に記したように、それらの色街や色街跡は、戦後に興った街であれば、建物が残っている土地もあったが、その多くは住宅街や商業施設などに姿を変えてしまっていて、色街らしい景色はもう見ることはできない。それでも、私は土地を歩くたびに、胸の鼓動を抑えることができなかった。というのは、今となっては、何の変哲もない景色かもしれないが、かつては間違いなく、この土地で命を燃やした女と男たちがいて、土地のどこかに彼らの思いが詰まっているような気になるからだ。

私は、今から二十年ほど前、横浜の黄金町という、当時は外国人の娼婦たちが春を売った色街にカメラを向けたことから、色街との関わりが生まれた。黄金町は摘発により、娼婦たちの姿は消えた。それでも、時おり黄金町を歩くと、その時代の景色が蘇ってくる。

東京の色街に関しては、大久保や錦糸町などをのぞいては、生きている姿を見ていたわけではないが、色街のあった場所に立ち止まり、そこから周囲を眺め、空に目をやったりしてみると、虚しさとともに、ざわざわとした色街独特のせわしない空気感に己の身が覆われるような気になるのだ。

二〇二〇年の東京オリンピックが迫り、立石の呑んべ横丁をはじめ、都内では再開発が進んでいる。まだ残っている建造物を眺めるなら、今歩くべきだ。そして是非とも色街の空気を感じて欲しいと思っている。

本書をまとめるにあたっては、フリー編集者の山崎三郎氏、実業之日本社磯部祥行氏のお世話になりました。取材の過程では、数多の方々に貴重なお話を聞かせていただきました。この場を借りて御礼申し上げたいと思います。ありがとうございました。

八木澤高明

二〇一八年　炎夏

【参考文献】

『昭和二十年東京地図』西井一夫・平嶋彰彦（筑摩書房）
『秘録 進駐軍慰安作戦 昭和のお吉たち』鏑木清一（番町書房）
『売春　決定版・神崎レポート』神崎清（徳間書店）
『東京街娼分布圖』原著編・人間探究編集部／復刻編・渡辺豪（カストリ出版）
『夜の盛り場探訪』復刻編・渡辺豪（カストリ出版）
『赤線の灯は消えても… 大衆紙が伝えた売春防止法と東京の特飲街』渡辺豪編（カストリ出版）
『大江戸岡場所細見』江戸の性を考える会（三一書房）
『花街・色街・艶な街 色街編』上村敏彦（街と暮らし社）
『東京戦後地図 ヤミ市跡を歩く』藤木ＴＤＣ（実業之日本社）
『性欲の研究 東京のエロ地理編』井上章一・三橋順子（平凡社）
『江戸学事典』西山松之助ほか編（弘文堂）

東京鉄炮洲新嶋原遊廓之圖
應需 國輝筆

明治元年（1868）に認可が下り、東京の鉄砲洲（現在の中央区湊、明石町周辺）に設けられた新島原遊廓。訪日外国人目当てに建設された遊廓だったが目論見が外れ、明治４年（1871）６月に廃止された（歌川国輝［二代］『東京鉄砲州新島原遊郭之図』都立中央図書館特別文庫室所蔵）

著者

八木澤高明　（やぎさわ　たかあき）

1972年神奈川県生まれ。ノンフィクション作家。写真週刊誌カメラマンを経てフリーランス。『マオキッズ　毛沢東のこどもたちを巡る旅で』小学館ノンフィクション大賞優秀賞を受賞。2000年代初頭から、日本各地の色街を行脚し続けている。著書に『日本殺人巡礼』（亜紀書房）、『色街遺産を歩く』（実業之日本社）、『ストリップの帝王』（KADOKAWA）、『甲子園に挑んだ監督たち』（辰巳出版）などがある。

※本書は書き下ろしオリジナルです。

じっぴコンパクト新書　356

JIPPI Compact

江戸《えど》・東京色街入門《とうきょういろまちにゅうもん》

2018年9月11日　初版第1刷発行

著　者……………八木澤高明

発行者……………岩野裕一

発行所……………株式会社実業之日本社

〒153-0044 東京都目黒区大橋1-5-1 クロスエアタワー8階

電話（編集）03-6809-0452

（販売）03-6809-0495

http://www.j-n.co.jp/

印刷・製本…………大日本印刷株式会社

ISBN978-4-408-33818-7（第一趣味）